하루 5시간 일하고
연 10억 버는
엄마 사장입니다

하루 ⏱ 5시간
일하고 연 10억 버는
엄마사장입니다

신유안 지음

특별한 사람이 아닌데,
어쩌다 억대 연봉 사업가가 되었습니다

안녕하세요, 동탄에서 화월청과라는 작은 과일 가게를 운영하고 있는 '화월 언니'입니다. 화월 언니란 제가 붙인 닉네임이 아니라, 고객님들이 친근하게 불러주시는 말입니다. 이 별명만 봐도 짐작할 수 있듯이 동네에서 이웃들과 더불어 소박하게 장사하고 있습니다.

조금 독특한 점이 있다면, 미취학의 아들 둘을 키우고 있는 엄마라 오전 9시 반부터 2시 반까지만 가게를 운영한다는 것입니다. 그 후 시간은 동업자인 제 동생이 맡아 하지만, 매출은 제가 있는 시간에 대부분 발생하고 동생은 주문 픽업이나 배송 등을 담당하고 있어요. 아, 또 한 가지 제가 생각해도 특이한 부분이 더 있습니다. 개업한 지 2주 만에 하루 매출 200만 원을 넘기 시작하더니, 지금은 일 평균 500만 원에 다다랐다는 점입니다. 그러다 보니 제 연 수입도 어쩌다 억대가 되었습니다.

와보시면 아시겠지만 제가 운영하는 가게는 정말 깜찍합니다. 9.8 평짜리 작은 매장인 데다 소위 말하는 목 좋은 곳에 위치한 것도 아니에요. 외관이 보통의 과일 가게와 다르기는 합니다. 간판에 '청과'라는 단어가 없으면 과일 파는 줄 모르고 지나쳤겠다고 말씀하시는 분도 많습니다. 외부도, 내부도 카페 같다고요.

과일을 수북이 담아놓고 팔지도 않습니다. 우리 매장에서 파는 품목을 알기 위해서는 가게 안으로 들어오시거나, 아니면 네이버 밴드에 가입하셔야 해요. 때로는 매장에 직접 찾아오셨는데 과일이 몇 가지 없는 경우도 있습니다. 정오를 전후해서 대부분 품절되거나 아니면 소량만 남거든요. 오전마다 네이버 밴드로 공지하는 당일 입고 품목, 그리고 추천 과일을 본 고객님들이 빠르게 문자 메시지 등으로 주문해주시는 때문입니다.

덕분에 저는 오전 중에 그날 들어온 상품을 거의 다 팔고 포장과 배달을 하다가 2시 반이면 가벼운 마음으로 퇴근합니다.

이렇게 운영하는 이유는, 앞서 말했듯 아직 어린 두 아들을 키우는 엄마이기 때문입니다. 큰아이를 어린이집에 등원시키며 출근했다가 하원 시간 전에 퇴근해요. 두 살 터울인 작은 아이는 유모차에 앉혀서 저와 같이 출퇴근을 하고 있습니다. 말씀드린 5시간의 근무 외에, 아이들이 깨어있는 시간 동안 저는 모든 에너지를 아이들에게 쏟아붓습니다. 정말 예외적인 상황이 아니라면 말이죠. 기상해서 출근하기까지의 3시간, 그리고 퇴근해서 아이들이 잠들기까지의 5~6시간 동안 저는 온전히 아이들 차지입니다.

돈도 돈이지만, 육아냐 일이냐로 더 이상 번민할 필요가 없다는 점이 무엇보다도 좋습니다. 아이들이 필요로 할 때 언제든 있어주는 엄마가 되고 싶었거든요. 형편상 맞벌이를 하지 않을 수 없어 고민이었는데, 회사를 계속 다니면서는 제가 원하는 만큼 아이들에게 정성을 다할 수 없을 것 같았어요. 그렇게 해서 제 나름의 구상으로 하루 5시간 사업 모델을 만들어낸 것인데 이렇게까지 좋은 결과로 이어질 줄은 상상하지 못했습니다.

사실, 불과 1년 전까지만 해도 저는 육아휴직 중인 평범한 은행원이었습니다. 과일 장사는 물론이고 어떤 종류의 사업도 해본 적이 없어요. 그런 제가 조그마한 가게에서 하루 5시간 일하며 적지 않은 수익을 내고 있다는 사실을 들으면 모두가 놀라십니다.

엄청난 능력자거나 금수저가 아니냐고요? 저는 정말로 평범한 아줌마이고 배경이랄 것도 없습니다. 오히려 남들보다 불우한 가정환경에서 자랐죠. 나름대로 좋은 직장에 다녔지만 결혼하고 아이들 키우다 보니 수중에 여유자금이라곤 남아있지 않더라고요. 사업을 시작할 때도 마이너스 통장을 한도까지 써서 시작했습니다. 지금 이 글을 읽고 계신 대부분의 독자 분들과 상황이 크게 다르지 않았을 거예요.

돈도 없고 백도 없고 흔히 말하는 대단한 인플루언서도 아니었던 제가 지금 같은 성과를 낼 수 있었던 이유는 무엇일까요? 최근 들어 비결에 관한 질문을 자주 듣다 보니, 저도 그에 관해 생각해보게 되었습니다.

한 번은 '남의 손 빌리지 않고 아이를 키우고 싶지만 돈을 벌려면 나인 투 파이브9시 출근하여 5시 퇴근 일자리로 돌아가는 수밖에 없다.' 며 제가 운영 중인 화월청과에 깊은 관심을 보이는 여성 분을 만난 적이 있습니다. 육아휴직 중인 또래 엄마였는데, 특히 그 분과의 만남 이후 더 깊이 그리고 진지하게 고민하게 되었어요. 그 간절한 궁금증을 대하며 '어쩌면 이토록 평범한 내가, 누군가에게는 영감을 줄 수도 있겠구나.'라는 생각이 들면서 가슴에 울림 같은 것이 왔거든요.

어떤 점에서든 도움되는 말씀을 드리고 싶었습니다. 그러기 위해

막간을 이용해 끄적이며 제 나름대로 저의 이야기를 정리하기 시작
했습니다.

　엄청난 성공을 거둔 것도 아니고 저 자신이 대단한 사람도 아닌데
그런 끄적임들을 모아 책으로 내려니 많이 쑥스럽고 부끄럽습니다.
이전 저와 같은 고민을 하고 계신 엄마들에게 하루 5시간 사업하는
엄마 사장도 있다는 것을, 이런 일도 가능하다는 것을 말씀드리고
싶었습니다. 이 책을 읽는 독자 중 단 한 분에게라도 영감과 용기를
드릴 수 있기를 기도하는 마음입니다.

2021년 초가을 밤,
아이들을 재운 후 식탁 앞에 앉아
신유안 드림

차례

머리말 _ 특별한 사람이 아닌데, 어쩌다 억대 연봉 사업가가 되었습니다 05

PART 1

아이를 위해서라면 못할 일이 없는,
나는 엄마 사장입니다

내가 만약 아이를 낳지 않았더라면 15

육아와 일, 둘 중 하나만 선택하란 법은 없다 19

생각의 초점을 바꾸면 기회의 폭이 더 넓어진다 34

나 자신을 잃어버린 것처럼 느낀다는 당신에게 47

COLUMN 내가 투자가 아닌 사업을 선택한 이유 60

PART 2

목표는 작게, 마음은 가볍게, 실행은 빠르게

나 자신을 일으켜 세울 용기를 내야 할 때 69

좋아하는 그 지점에 미래가 있다 81

목표를 작게 잡아야 도전이 쉬워진다 89

불안을 다스려야 이성이 눈을 뜬다 97

기회는 나의 상황을 봐주지 않는다 107

COLUMN 나의 도전이 아이의 성장에 거름이 된다 114

PART 3

진짜 중요한 일을 제대로 하면
하루 5시간으로 충분하다

미취학 아들 둘 맘의 하루 5시간 사업 노하우 121
미니멀리즘 : 진짜 중요한 일만 남겨라 126
시간 활용 : 시간표는 단순하게, 할 일은 명확하게 137
사업 파트너 : 믿고 맡길 사람은 찾지 마라 147
판매 시스템 : SNS와 포털의 플랫폼을 최대한 활용하라 152

COLUMN 세상의 흐름에 눈을 크게 떠야 하는 이유 159

PART 4

일하는 시간의 열 배 연봉,
폭발적인 성과를 만드는 힘

세상을 내 편으로 만드는 태도의 힘 : 잘될 수밖에 없도록 운영하라 165
고객을 입덕시키는 진심의 힘 : 솔직함이 무기다 173
사업을 성장시키는 신뢰의 힘 : 일관된 경험이 믿음을 만든다 182
팔지 않아도 사게 하는 전략의 힘 : 가지고 싶은 욕구를 불러일으켜라 188

COLUMN 사업은 패스츄리에서 배워라 195

PART 1

●

아이를 위해서라면
못할 일이 없는,
나는 엄마 사장입니다

스스로 삶에 우선순위를 정하지 않는다면,
다른 사람이 내 삶의 우선순위를 정할 것이다.

— 그렉 맥커운 Greg Mckeown, 『에센셜리즘』 저자

CHAPTER 1

내가 만약
아이를 낳지 않았더라면

내가 만약 아이를 낳지 않았더라면, 꼬물거리는 두 아들을 보며 부모로서의 엄중한 책임감을 느끼지 못했더라면, 요즘 같이 놀라운 경험을 할 수 있었을까?

최근 나는 내 인생에 생기리라곤 상상조차 해보지 못한 일들을 겪고 있다. '우리 가게를 어떻게 아셨지' 싶을 정도로 먼 지역 분들이 과일을 살 수 있느냐고 연락하는가 하면, 기업 고객으로부터 선물 세트 주문이 거의 폭주(!)하여 나와 동생(내 동업자이기도 하다)의 역량만으로는 힘에 부칠 정도다. '한 달에 백만 원만 벌자.'는 마음으로 시작한 동네 장사인데, 매일 통장에 찍히는 과분한 숫자를 보면 이게 무슨 일인가 싶다. 든든한 조력자인 가족들, 나를 믿고 우리 가게를 찾아주시는 고객님들 덕분에 가능한 일이란 걸 알기에 항상 감사한 마음이다.

그중에서도 가장 고마운 사람을 꼽는다면 우리 아이들이라고 하고 싶다. 사실, 이 모든 일의 가장 큰 공功은 나의 두 아이에게 있기 때문이다.

내가 엄마가 되지 않았다면, 나아가 양육에 있어 정서적인 책임감과 금전적인 책임감 등등 복합적인 압박감을 느끼지 못했다면 나는 절대 이 사업을 시작하지 못했을 것이다. 아니, 상상조차 못 했을 것이 분명하다. 직장의 존재와 다달이 꽂히는 월급에 만족하면서 정년퇴직만 꿈꾸지 않았을까.

지방 4년제 출신으로 1금융권 은행의 정규직 전환에 성공했던 나. 어려운 문턱을 넘었다는 데 자부심이 컸지만 거기까지였다. 현실적 한계는 의심의 여지가 없었고, 잘되어봤자 어디까지일지 머릿속에서 그려졌다.

그랬던 내가 지금은 어디 직원이 아닌 사장, 나아가 화월청과라는 브랜드를 이끄는 사업가로서 인생의 새로운 도약을 꿈꾸고 있다. 단지 매출이나 수입의 문제가 아니다. 나 자신과 내 가족, 그리고 나의 커리어가 하나 되어 성장하는 놀라운 경험을 하는 중이다.

●———●

나 자신이 인생의 키를 쥐고 있다는 건

삶의 무게는 줄어들지 않았다. 오히려 더 무거워졌다고 해야겠다. 이 한 몸 건사하기도 힘든 세상에 아이들, 가족, 거기에다 매장과 고객, 내 사업과 관련된 분들 등등 책임감을 가져야 할 대상이 훨씬 더 많이 늘어났다.

그러나 삶의 방향타를 스스로 쥐고 있다는 것이 나를 짜릿하게 한다. 이 모든 것을 싣고 항해하는 배의 선장이 바로 나 자신이라는 사실이 존재감을 충만하게 해준다.

정도의 차이는 있겠지만, 많은 여성이 아이를 낳고 키우는 과정에서 우울감을 경험한다. 문제는 아이가 아닌 내 마음에 있다는 사실을 잘 알면서도 너무 달라져버린 처지에 그만 마음이 무너지곤 하는 것이다. 복직 아니면 퇴직이라는 선택지 앞에서 느끼는 심란함은 이루 말할 수 없다.

　나 또한 지금도 여전히 새롭게 경험하고 극복해야 할 것이 많은 초보 엄마다. 다만, 조금 다른 선택으로 인해 인생에 큰 변화를 맞이했기에 나의 경험을 공유하고자 한다. 출산과 육아를 통해 새로운 도약의 기회를 잡은 나의 이야기가 이전 나와 같은 고민을 하는 독자 여러분께 조금이나마 영감을 줄 수 있기를 바라며, 본격적인 이야기를 시작하겠다.

CHAPTER 2

육아와 일,
둘 중에 하나만 선택하란 법은 없다

"여보, 지금이 내 인생에서 가장 행복한 때인 것 같아."

큰아이를 낳고 얼마 지나지 않았을 때다. 화장기 없이 팅팅 부은 얼굴에다 질끈 묶은 머리에 기름이 번들거리는 채로 남편에게 말했 었다. 혼자 신생아를 돌본다고 눈물 콧물 빼는 걸 알고 있던 남편은 잠깐 동안 내 얼굴을 응시하더니, 안도하듯 말했다.

"온종일 아이와 단둘이서 있으니 답답하진 않을까, 혹시 우울증이라도 오는 건 아닐까 걱정했어. 당신은 쉬어본 적 없이 바쁘게 살던 사람이잖아."

남편의 진지한 표정에 나 또한 진지하게 답해주었다.

"힘들고 막막할 때가 많지. 그런데 겪어본 적 없는 안정감이 이런 저런 괴로움들을 압도하는 거 있지."

정말이었다. 난생처음 밥벌이와 돈에 대한 강박에서 벗어난 기분이라니! 다니던 직장은 비교적 자유롭게 육아휴직을 쓸 수 있는 곳이었고, 꼬박꼬박 나오는 휴직 급여와 믿음직한 남편이 있어 마음은 든든했다. 인생사 한 치 앞을 알 수 없다고, 내게 이토록 평안한 시간이 올지 어디 상상이나 했겠는가.

사실 서른 살 이전까지 내 삶은 불운으로 점철되어 있었다. 단지 불운이라는 말만으로는 부족하다. 하늘이 내게 초년운이란 건 아예 허락하지 않은 모양이었다. 혼자 숟가락을 들고 밥을 먹을 수 있는 나이, 그러니까 겨우 세 살 무렵 맞이한 부모님의 이혼. 곧장 충북 음성의 할아버지 댁에 맡겨진 나는 고등학교 때까지 한동안 엄마도, 아빠도 없이 자랐다. 그러다 얼마간 친아버지와 살기도 했지만…, 아버지의 폭력과 새어머니의 구박으로 뒤덮여 깜깜했던 나날들은 떠올리는 것만으로 몸서리가 쳐진다.

여하튼 그 시절, 살아계신 부모님이 내겐 없는 사람들이나 마찬가지였다. 엄마와는 연락하며 방학마다 보기도 했지만 성인이 되기 전까지는 같이 살지 않았다. 그러한 부재로 인해 사춘기 무렵부터 나는 누가 봐도 까칠한 아이가 되었다. 항상 움츠러든 어깨로 땅만 보며 걷는 아이, 그러다 누가 말을 걸면 고슴도치처럼 가시를 세우는 아이가 바로 나였다. 어른들은 물론이고 친구들에게도 예민하게 굴어 종종 트러블을 일으키기도 했다. 돌이켜 보면 그때는 세상으로부터 나 자신을 방어하는 데 모든 에너지를 쏟았던 것 같다.

학업을 돌봐주는 어른이 없는 상황에서 공부에 관심이 있었을 리 만무하다. 그렇게 중학교 시절을 지나 상업계 고등학교에 거의 꼴찌로 입학했고, 그곳에서 내 인생의 은인이라 할 사회 선생님을 만났다.

"이번 중간고사에 사회 딱 한 과목만 백 점 맞아 와라. 그러면 떡볶이 사줄게."

그것은 세상에 태어나 처음으로 들은, 뭔가를 해내면 보상이 돌아오리란 '약속'이었다.

사회 선생님의 달콤한 유혹에 넘어간 나는 반신반의하며 공부를 시작했다. 곧장 백 점을 맞자, 다음 약속은 좀 더 스케일이 커졌다.

"전교 ○○등 안에 들면 소원 하나 들어줄게."

성과와 보상이 반복되면서 나는 점차 바뀌어갔다. 떡볶이 한 그릇 얻어먹기 위해 시작한 공부에 날이 갈수록 재미가 붙은 것이다. 알고 보니 나는 암기 과목에 꽤나 재능이 있는 편이었다. 나중엔 수학이나 과학 같이 암기 외의 과목들은 어떻게 해야 성적이 날지 공부법을 연구해서 석차를 올릴 정도가 되었다. 비록 시골의 작은 상고였지만 전교 10등 안에 드는 데도 성공했다. 얼마 후엔 내 상황을 알고 있던 선생님의 배려로 인문계 학생들의 야간자율학습에 참여할 수 있게 되었고, 집을 벗어나 기숙사에도 들어갈 수 있었다.

그 결과 상고조차 꼴찌로 입학했던 내가, 3년 후에는 충북 소재 4년제 대학 도시계획과에 입학했다.

대학 시절은 정말 쉴 틈 없이 살았다. 학교에 다니기 위해서는 전액 장학금을 받는 수밖에 없어서 공부에 목숨을 거는 한편으로, 자취하며 생활비도 벌어야 했기 때문이다.

정오까지는 피자집에서 아르바이트를 하고, 서너 시까지는 도서관에서 공부하다가 근로장학생으로 일하다가 하며 중간중간 수업을 들었다. 저녁에는 고깃집, 주유소 등에서 일했고, 방학이 되면 케이크 공장, 휴게소, 박스 공장 등을 다녔다. 그런 와중에 연애도 하고 학생회 활동도 했으니 돌이켜보면 어떻게 그리 바쁘게 살았는지 모르겠다.

졸업 후에는 S은행에 계약직 텔러로 입사했다. 비록 계약직이라 해도 경쟁률이 제법 높았는데, 그런 자리에 금융 관련 자격증은 고사하고 토익 점수조차 없던 내가 어떻게 합격했는지는 지금도 미스터리다.

더욱 놀라운 일은 입사 1년 후에 일어났다. 다른 사람들은 몇 년씩 재수하기도 한다는 정규직 전환 시험을 한 번에 통과한 것이다. 학벌도, 변변한 자격증이나 집안 배경도 없는 내가 S은행 정규직이 되다니! 당시만 해도 지방대 출신 계약직이 S은행 정규직 전환에 성공한 케이스는 상당히 드물다고 했다.

그럼 여느 동화의 해피엔딩처럼 '그렇게 오래오래, 정년까지 행복하게 S은행에 다녔습니다.' 하면 될 일 아니냐고? 현실은 업무 강도와 적성에 맞지 않는 일들의 연속이었다. 매일 높은 수준의 피로가 계속 쌓여만 갔다. 몸도 마음도 너무 힘들다고 느낄 무렵, 때마침 맞이한 육아휴직은 내게 평범한 일상을 마음 편히 누리는 행복을 가져다주었다.

그러나 행복감과는 별개로, 육아는 또 다른 현실이었다.

내 인생에 새로 얹혀진 역할, 엄마라는 자리의 무게

어린 시절 이야기로 짐작하겠지만, 나는 제대로 된 부모의 역할을 경험해 본 적이 없었다. 어떻게 사랑을 줘야 하는지, 어떻게 양육을 해야 하는지 모든 것이 혼란스러웠다. 그러나 한 가지만은 확실했다. 나 자신이 어린 시절 내내 너무나도 절감했던 그것, '아이는 부모를 선택할 수 없다.'는 사실이었다.

엄마 아빠 없는 아이. 할아버지 할머니와 사는 내게 따라붙었던 그 꼬리표가 얼마나 나를 주눅 들게 만들었던가.

내 사정을 아는 주변 몇몇 어른들은 이렇게 말했었다. "키워주시는 것만으로도 감사한 줄 알아야지." 이어지는 말은 때로는 꾸짖고, 때로는 어르기도 하는 등 각기 다른 투였지만 이면에 느껴지는 편견은 비슷했다. 부모로조차 돌봄 받을 가치를 인정받지 못한 불쌍한 아이라는 것이었다. 그러한 뉘앙스가 나를 얼마나 처량하게 만들었던지.

그것이 사실에 근거한 것이든 아니면 섣부른 짐작이든, 곁에 부모가 부재한 어린아이에게 머무는 세상의 시선은 따듯하지만은 않다.

몇 번만 무섭고 슬픈 경험을 해도 어린 마음엔 큰 생채기로 남게 마련이다. 그런 생각을 하자 불안이 엄습해왔다. '혹시라도 내 아이가 나 없는 사이 그런 상황에 처하게 된다면?'

어느 날 저녁, 이런 불안을 토로하자 남편이 달래듯 말했다.

"당신이 과하게 생각하는 거야. 하루큰아이 태명한테는 언제든 달려올 엄마 아빠가 있잖아."

그런데 그 말을 듣고 보니 더 심란해지는 것이 아닌가. 회사를 다니면서 과연 아이가 필요로 할 때 달려올 수 있을까? 나도, 아이도, 나아가 회사 동료들에게도 괴로움을 주게 되지는 않을까? 게다가 당신남편은 곧 해외 발령이 날지도 모른다며?

이런 내 불안감은 급기야 TV를 보다가 극대화되고 말았다. 채널을 이리저리 돌리다가, 아이 혼자 어린이집에서 하염없이 엄마를 기다리는 장면을 보게 된 것이다.

화면 속 엄마는 미안한 표정으로 뛰어오지만 해는 이미 뉘엿 뉘엿 저가고 있다. 어린이집 선생님이 난감한 표정으로 "하루 이틀이지요, 어머님. 매일 ○○이 혼자 남아서 이 시간까지 기다리네요."라고 말한다. 친구들이 떠난 지 한참인 교실에 홀로 남은 아이의 표정은 잔뜩 주눅 들어 있다.

저 어린 마음에 기대와 실망, 희망과 절망이 번갈아가며 얼마나 수없이 드나들었을까. 마음의 문턱이 닳아 없어지면 아이의 마음은 포기에 이른다. 그걸 누구보다 잘 아는 나다.

재연 프로그램의 클리셰적인 한 장면에 불과했지만, 한창 엄마 역할에 대한 고민에 빠져있던 내게는 심장을 후벼 파듯 다가왔다. 그날 나는 결심했다.

'아이가 나를 필요로 하는 한, 내 삶은 포기해도 좋아.'

사실 아이가 막 태어났을 때까지만 해도 엄마라는 자리의 무게가 실감 나지 않았었다. 그러다 아이가 점점 사람의 형체를 갖추어가고, 그 존재가 온전히 내게 의지하고 있다는 걸 일상 속에 경험하면서 중력보다 무거운 책임을 깨달았다. 나는 함부로 아플 수도, 죽을 수도 없다. 내 아이에게 나는 세상의 전부이기에.

그 무렵 둘째가 생겼다. 첫 아이로 인한 육아휴직이 거의 끝나갈 즈음이었다.

큰아이 때와는 달리 나는 임신과 출산, 육아 모든 면에서 경험자가 되어 있었다. 적어도 생초보 엄마 레벨은 넘어선 셈이었다. 의욕은 넘치는 데 반해 행동은 허둥지둥 대느라 정신없던 첫 애 때와는 달리, 약간의 노하우와 함께 머릿속에도 여유가 생겼다. 앞으로 어떻게 해야 할 것인가에 관하여 내 미래 가능성을 연산해볼 겨를이 났다.

그렇게 엄마가 된 후, 내 인생의 새로운 방정식에서 두 아이는 변수가 아닌 기본값이 되었다. 앞으로 못해도 8~10년은 나와 한몸으로 움직일 '결정의 대전제'가 된 것이다.

● —— ●

아이의 어린 시절도, 나의 인생도 두 번 돌아오지 않는다

"아휴, 그 좋은 직장을 왜 그만둬. 고민하고 말 것도 없어. 당연히 복직해야지."

"어떻게 된 정규직인데 그걸 포기하려고 해?"

"아이가 엄마 인생의 전부는 아니야. 애 크는 건 금방이다. 아이 위해 경력 단절되었다가 나중에 가서 후회해도 되돌릴 수 없어. 그게 현실이야."

재직 중 출산과 육아를 경험한 여성이라면 비슷한 조언들을 한 번쯤 들어봤을 것이다. 나 또한 그랬다. 좋게 말하면 누구 못지않게 열심히, 혹자가 봤을 때는 아등바등 살아왔다는 사실을 아는 지인 중에는 안타까움을 가감 없이 표현하는 분도 있었다. 지금까지 어렵게 가꿔온 커리어를 아이로 인해 포기하지 말라는 진심 어린 충고와 함께.

그 모든 조언이 나를 위하는 마음에서 나온 것이며, 또 현실적인 이야기임을 알기에 감사하는 마음으로 듣곤 했다. 하지만 마음속에 스멀스멀 피어오르는 한 가지 의문이 있었다.

'왜 다들 양자택일인 것처럼 이야기하지? 이게 과연 하나를 얻으려면 다른 하나를 버려야 하는 선택의 영역인가? 아이와 엄마의 미래가?'

물론 양가 부모님의 도움을 받기 힘든 내 상황에 대한 고려도 있었음을 부정할 수 없다. 그래서인지 '부모님의 손을 빌릴 수 없다면 시터의 도움이라도 받아야 한다, 더 먼 미래의 커리어를 위해 시터 비용은 감수해야 한다.'는 조언을 귀에 못이 박히도록 듣던 어느 날, 하루는 내 솔직한 심정을 털어놓았다.

"그런데 유별나게 보일지도 모르겠지만, 저는 아이를 다른 사람 손에 맡기기가 싫어요. 하다못해 등하원 도우미라도요."

곧장 다음과 같은 반응이 되돌아왔다.

"그럼 전업 맘이 되어야 할 텐데, 회사 그만둔 거 후회하지 않을 자신 있어?"

아이를 위해서라면 내 삶의 일부를 희생할 각오가 되어 있었지만, 그럼에도 위와 같은 전개는 좀 비약적으로 느껴졌다. '회사를 그만 두면 무조건 전업 맘이 되어야 하는 걸까? 전업 맘이 나쁘거나 싫다는 게 아니라, 난 복직은 안 해도 돈은 벌어야 하는데…'

복직은 안 해도 괜찮다. 아이들을 돌보는 데 장애가 된다면 직장은 포기할 수 있었다. 하지만 돈벌이는 달랐다. 우리 가정과 아이들의 미래를 위해서 나는 죽이 되든 밥이 되든, 못할 일 없다는 결심으로 벌이에 나설 참이었다.

정말로 못할 일은 없었다. 조건은 딱 하나. 내 아이들을 내 손으로 키우면서도, 소득을 얻을 수 있는 일이면 된다.

당장 내 주위만 봐도 일과 육아 사이에서 딜레마에 빠진 엄마들이 많다.

선택은 사람마다 다를 수 있다. 나는 커리어보다는 아이들이, 내 미래보다는 당장의 현실 상황에 맞는 돈벌이를 찾는 것이 중요했다. 반면 어떤 이에게는 직업이, 어떤 이에게는 직장이, 어떤 이에게는 오래전부터 꿈꿔온 자기만의 목표와 사명의식이 포기할 수 없는 중요한 대상일 수 있다.

말하고 싶은 것은, 세상이 암묵적으로 강요하는 이분법적 사고에 휘둘릴 필요가 없다는 것이다. 육아와 일, 이것은 하나를 얻기 위해 拈― 하나를 놓아야 하는放― 문제가 아니다.

누군가 "아이 때문에 커리어를 희생하면 후회할 서야."라고 한다면, 이렇게 얘기하고 싶다. 엄마의 인생이 한 번 뿐이듯 아이의 어린 시절도 한 번 뿐이라고. 아이가 엄마와 애착관계를 형성하고 정서를 발달시키는 시기는 정해져 있다. 이 시기는 두말할 나위 없이 아이의 인생에 너무나도 중요하며 한번 지나가면 돌아오지 않는다.

반대로 누군가가 "제대로 잘 키우려면 엄마가 희생해야지."라고 한다면, 그에게 또한 이렇게 말하고 싶다. 내 삶의 주체로서 엄마 스스로 그것을 선택하지 않는 이상, 희생을 종용하는 것도 일종의 폭력이라고.

육아 vs 커리어,
삶의 우선순위부터 찾는 것이 먼저다

우리의 인생은 하나의 답을 찾아가는 수학 문제가 아니다. 정해지지 않은 답을 내 선택과 의지로 만들어나가는 것이다.

내 경우에는 두 아이가 '기본값'이자 '결정의 대전제'로서 인생의 최우선순위가 되었다. 자, 이를 바탕으로 답을 도출해야 하는 문제는? 아직 한참 어린 두 아들을 내가 직접, 부족함 없이 돌봄과 동시에 일정한 벌이가 가능한 일을 찾을 것! 복직은 이를 위한 여러 선택지 중 하나였지만, 시간 활용에 있어 최선의 것은 아니었다.

2020년 2월, 남은 육아휴직 기간은 이제 1년 남짓.

나는 그동안 머릿속으로 구상만 하던 사업을 구체화해보기로 마음먹었다. 애 둘을 키우면서도 돈을 벌 수 있는 사업, 그 막연한 전제에서 탄생한 것이 지금의 가계화월청과다.

만약 내가 육아에 우선순위를 두지 않았다면, 두 아이 등하원을 모두 내 손으로 시키고 하원부터 아이가 잠드는 시간까지 함께하면서도 높은 수익을 올리는 지금 같은 상황은 없었을 것이다. 아니, 상상조차 하지 못했을 테다.

A. 나의 최우선순위(결정의 대전제) : 육아

아이들을 직접 양육하며, 언제라도 지켜줄 수 있어야 한다

B. 원하는 결과 : 월 백만 원이라도 꾸준히 벌 수 있는 소득

가능한 선택지 : 복직, 시간제 아르바이트, SNS 마켓 창업,

그 외 내가 가진 자원을 활용한 창업

〈해결해야 할 문제〉

A를 만족시키며 B를 얻으려면

두 아이 케어에 충분한 시간을 확보하면서도

내가 잘할 수 있는 일을 찾을 것!

내 인생의 우선순위를 알고, 내가 만들고 싶은 결과목표를 설정하면 목표에 이를 수 있는 여러 길을 찾을 수 있다. 양자택일할 필요는 없지만 최소한 어느 것이 최우선순위고, 어느 쪽이 차순위인지 엄마의 가치관을 정립할 필요가 있겠다.

어떤 일이든 기준점을 명확히 찾는 것이 중요하다. 나 자신의 기준에 근거해야 세간의 이런저런 말과 시선에 휘둘리지 않고, 내 갈 길을 갈 수 있기 때문이다.

CHAPTER 3

생각의 초점을 바꾸면
기회의 폭이 넓어진다

화월청과는 동탄 신도시 아파트 촌에 위치한 작은 과일 가게다. 특이한 점은 간판에 '청과'라는 단어를 보고서야 과일 가게인 줄 알 수 있다는 것. 그리고 동네 분들을 대상으로 하는 가게이지만 매장에 와서 물건을 사는 분보다 네이버 밴드를 보고 주문하는 분이 훨씬 많으며, 사장이 매일 오후 2시 반이면 사라지는 조금 이상한 가게라는 것.

지금에야 주변인 대부분이 응원해주고 심지어는 가맹점을 내고 싶다는 문의도 많지만, 맨 처음 사업 구상을 밝혔을 때만 해도 반응은 좋지 않았다.

과일 장사라면 대다수가 시장 좌판 먼저 떠올린다. 매장이 있는 가게라 해도 새벽부터 물건을 떼와서 고객과 흥정인지 입씨름인지 모를 대화도 하고, 저녁 시간이 지나면 떨이로 팔기 위해 호객도 해야 하는, 그다지 고상한(?) 직업으로는 생각되지 않는 모양이다. '프리미엄 과일 가게'라고 콘셉트를 아무리 설명해도 마지막에는 십중팔구 이런 반응이 되돌아왔다.

"멀쩡히 은행 다니다가 왜 '그런 일'을 하려고 해?"

말리는 방법도 가지가지였다. 은근히 말리는 사람, 울며 불며 말리는 사람, 네가 무슨 장사냐며 철 좀 들라고 꾸짖듯 말리는 사람, 과일 장사가 무슨 사업이냐며 핀잔 주며 말리는 사람, 해보고 싶다면 굳이 말리지는 않겠는데 너 자신을 위해 다시 한번 생각해보라며 말리는 사람 등등.

부모가 되기 전의 나였다면 주변 몇몇의 반응만으로도 금세 구상을 접었을 것이다. 예전의 내게는 타인들이 정해놓은 기준에 부합하고, 남들이 인정해주는 직장에 다니는 일이 무엇보다도 중요했다. 그런 것들이 곧 내 인생의 성적표처럼 생각되었었다.

그러나 이제는 세간의 시선보다 훨씬 더 중요한 최우선순위이자 대전제, 그리고 목표가 생겼고 이를 위해서는 못할 일이 없었다.

어제의 나는 어디 가지 않는다

S은행의 정규직이 된 건 내게 자부심을 주는 사건이었으나, 딱 거기까지였다. 정규직 은행원이라 해도 주요한 업무 대부분은 영업이다. 대학시절 내내 하루도 쉴 틈 없이 각종 아르바이트를 섭렵하며 레벨업 해온 사회생활 능력치 덕분인지 창구에서도 곧잘 성과를 냈지만, 그 일이 정말 적성에 맞았느냐 하면 '글쎄요.'라 하겠다. 잘은 하지만 좋아하는 일은 아니었고 때로는 회의감도 들었다. 게다가 지방대 계약직 출신이라는 나의 조건 때문에 승진에도 한계가 있으리라 예상되었다.

그럼에도 불구하고, 엄마 역할에 대한 고민이 없었다면 아마 지금도 은행을 다니고 있을 것이다. 일에 흥미도 별로 없고 적성에도 맞지 않지만 남들이 좋은 직장이라고 하니 그만둘 이유가 없다. 이름만 들어도 알아주는 기업에 소속되어 있는 데다가 사원증만으로도 사람들의 인정을 받는 기분이었으니까.

아이를 키우며, 인생의 우선순위를 다시 설정하고 여러 가능성들을 검토하면서 느꼈던 최대 딜레마 또한 그것이었다. 사람들의 반응,

그리고 세상의 인정을 받는 영역에서 벗어난다는 두려움 말이다. 나도 모르는 사이에 나는 나 자신을 세상의 프레임에 맞춰 바라보고 있었다.

그러한 프레임에서 벗어나기까지 다행히도 오랜 시간이 걸리지는 않았다. 나에게 완전히 삶을 의지하고 있는 두 아이가 곁에 있었기 때문이다. 무슨 수를 써서라도 이 아이들을 지켜내야만 하기에, 나는 전보다 훨씬 더 용기 있는 사람이 되었다.

나아가 나라는 사람의 욕구, 내가 진정으로 원하며 잘할 수 있는 일에 대해서도 솔직해질 수 있었다.

'좀 고상하지 않으면 어때. 아무리 생각해봐도 나는 장사를 제일 잘할 수 있을 것 같고, 그 일이 제일 재밌을 것 같아.'

세상의 잣대가 아니라 나와 내 아이들의 행복이 기준이다! 이 명쾌한 명제를 적용하자 마음이 오히려 홀가분해졌다. 남이 나를 어떻게 볼지 신경 쓰지 않아도 된다니 해방감마저 느꼈다.

"대기업 다니다가 무슨 장사야? 사람들이 어떻게 생각하겠어."

한 친구가 내게 말했다. 그러면서 덧붙이기를, 사람들이 내 소식을 들으면 '어쩌다 그렇게 됐대' 하고 염려하리란 것이었다. 그래서 이렇게 답해줬다.

"시장에서 과일 가게를 하든 생선 가게를 하든, 나라는 사람이 어디 가? 나는 여전히 나야. 걱정 마."

어떤 일을 하든 '나'라는 사람에는 변화가 없다. 이 글을 읽는 당신도 마찬가지다. 어디서 무슨 일을 하든, 일 잘한다고 인정받던 과거의 당신은 어디 가지 않는다. '나'라는 사람의 본질은 상황과 상관없이 항상 그 자리에, 내면에 그대로 있다. 변함없는 나의 본질, 그 가치를 믿자.

그러기 위해서는 자신을 가둬놓은 내 머릿속 프레임부터 깨야 한다. 어떻게 입고 얼마짜리를 들어야 대접받고, 어떤 크기와 환경의 회사를 다녀야 남들이 인정해주고, 처우는 또 어때야 체면이 서고… 등등. 내가 아닌 외부를 기준으로 만들어진 프레임을 깨고, 나와 내 가족을 기준으로 새로운 프레임을 짜야 한다. 그 새로운 프레임은 '인정받기 위해서'가 아니라 '행복하기 위해서', '남들 눈치 보느라고'가 아 아니라 '내 방식대로 살려고' 만드는 것이어야 한다.

사고방식부터 바꿔야 하는 이런 변화가 두려울 수 있다. 한동안은 주변의 쑥덕거림에 약간 주눅 들지도 모른다. 하지만 우리에게는 이 모든 것을 극복하게 하는 슈퍼 파워가 있지 않은가! 엄마들의 원천 동력, 반드시 지켜내야만 하는 내 아이가 말이다.

기존 프레임에서 벗어나면 기회의 폭이 넓어진다

무엇이든 할 수 있다는 각오가 서자 뜻밖에도 할 수 있는 일의 폭이 엄청나게 넓어졌다. '나는 어떤 조건의 환경에서 이런 종류의 일을 해야 해.'라는 프레임과, '나는 어떤 종류의 일은 못해.'라는 고정관념을 부수자 할 수 있는 일이 무수히 보였다.

이 세상에 팔 수 있는 상품의 종류가 얼마나 많으며, 장사와 사업의 방식 또한 얼마나 각양각색인가. 음식 장사만 봐도 당일 재료가 소진될 때까지 단 몇 시간만 영업하는 가게가 있는가 하면, 24시간을 영업하며 매장에서도 팔고 배달도 하는 가게도 있다. 자신의 취향이 묻어나는 카페를 차려 혼자 영업하는 사장님이 있는가 하면, 매장을 운영할 점장을 따로 두고 심지어는 여러 매장을 경영하는 사장님도 있다.

세상에 존재할 수 없는 것은 없고, 합리적이면서도 가능성 있는 비즈니스 모델을 내게 맞게 만들면 된다.

하루는 검색 사이트에서 '창업', '여성 창업', '주부 프랜차이즈'를 치니 정말 많은 기사와 다양한 업체들, 비즈니스 모델, 교육에 관한 정보와 후기들이 쏟아져나왔다. 정부나 지자체에서 받을 수 있는 지원과 교육도 다채로웠다. 창업뿐 아니라 트렌드, 투자, 직업능력개발 등등 찾아보면 비용 없이 누릴 수 있는 교육 서비스들도 많았다.

왜 이런 것을 진작에 알지 못했을까? 세상의 시선과 관련된 단단한 프레임 속에 갇혀 있다 보니, 소위 인정받는 직장 외의 가능성을 고민해본 적이 없었기 때문이다. 아이들 덕분에 그러한 프레임에서 벗어난 셈이었다.

이렇듯 아이들의 존재는 내 적성과 내게 맞는 일을 찾아 시도해보는 계기가 되었다. 그리고 그 시도는 직장을 다닐 때의 만족감이나 행복감을 훨씬 뛰어넘는 결과로 이어졌다. 정신적으로도, 경제적으로도 말이다.

그런가 하면 자신을 둘러싼 프레임의 종류 중에는 '나는 이런 사람'이라는 셀프 스테레오 타입도 존재한다. 대표적인 것이 성격과 관련된 것으로, 특히 "저는 내향적이라서 제가 주도적으로 일을 해야 하거나, 고객을 응대하는 일은 어려워요."라고 하는 분이 많은 것 같다. 자신의 성격에 대한 판단은 대체로 맞을 것이다. 나 자신만큼 스스로를 잘 아는 사람은 없을 테니까.

하지만 '성격이 ~이니까 ~은 안돼'라는 프레임 밖으로 한 번쯤은 나와볼 필요가 있다고 생각한다. 예를 들어, 내 상황과 목표에 최적화된 비즈니스 모델을 찾았는데 그게 내 성격과는 맞지 않는 일이라 포기한다면 너무 아깝지 않을까? 뒤에서도 이야기하겠지만, 시스템을 만들고 동업자를 찾는 등의 방법으로 충분히 해법을 찾을 수 있다.

내가 할 수 없는 일의 리스트를 머릿속에서 지우자. 그러면 반대로 세상 모든 일이 내가 할 수 있는 일들이 된다. 나는 그중에서 내가 가장 잘할 수 있으며 좋아하는 일을 찾았고, 덕분에 누구보다도 생기 넘치는 나날을 보내고 있다.

● —— ●

현실과 협상하고 양보해야 한다

복직보다 장사에 더 마음이 기울게 된 데는 상황의 문제도 있었다. 육아에 양가 부모님의 도움을 전혀 받을 수 없는 상황이었기 때문이다. 엄마와는 성인이 된 후 한동안 같이 살기도 해서 이젠 여느 모녀와 마찬가지로 잘 지내고 있지만, 엄마 일이 너무 바빠 도움을 구할 형편이 못 된다. 시부모님은 차로 꼬박 서너 시간을 가야 하는 거리에 사시기 때문에 시댁의 도움 또한 바랄 수 없다.

내게 가능한 선택지들을 생각해보니 대략 다음과 같았다.

A. 어느 정도 타인고용인의 손을 빌려 아이를 키운다. 이 경우 회사를 계속 다닐 수 있다.

B. 둘째, 내가 직접 키운다. 이 경우 아이들이 어린이집에 간 시간 동안에만 근무할 수 있는 직장을 찾아야 한다.

나는 회사에 크게 미련이 없었고 복직이 필수라고 생각하지 않았다. 그보다는 아이를 직접 케어하는 것이 훨씬 더 중요한 이슈였다. 우선순위에서 아이와 직장은 비교가 될 수 없었기 때문이다. 어린 시절의 경험 때문인지 가능하다면 아이들과 떨어져 있고 싶지 않았고, 작은 것이라도 애들 입에 들어가는 건 재료부터 조리까지 직접 해 먹이고 싶은 마음이 컸다. 실제로 간식도 이유식도 시판하는 것을 사 먹여 본 적이 거의 없을 정도다.

좋은 도우미 분을 만나고 시간 활용을 잘한다면 직장에 다니면서도 아이와 끈끈한 유대관계를 형성할 수 있다는 건 여러 육아서와 주위 선배들을 통해 알고 있다. 그럼에도 당시 내 마음 깊은 곳에는 불안감이 컸다. 과거 내가 느꼈던 고립감과 두려움, 슬픔 같은 감정들은 단 1퍼센트도 물려주고 싶지 않았다. 적어도 내 아이는 엄마를 떠올렸을 때 행복감만을 느끼기를 바라고 또 바랐다.

그렇다면 선택은 하나, B다. 아이가 등원한 시간 동안에만 일할 수 있어야 한다. 아르바이트를 찾을 수도 있겠지만 자칫 벌이가 끊길 수도 있고 그러면 일자리를 다시 찾아야 하는 등 되려 시간만 쓰게 될 수 있다는 게 문제였다. 아이가 어느 정도 클 때까지, 내 시간을 내가 원하는 대로 사용하면서도 비교적 안정적으로 일할 방법이 없을까?

그 결과 선택한 것이 사업이었다. 아이에게 충실하고픈 상황을 고려하고 그에 최적화된 비즈니스 모델을 만들기로 결심했다. 설사 벌던 금액만큼 못 벌고, 예전만큼 대우받지 못하더라도.

독자 여러분 중에도 나와 비슷한 고민을 하는 분이 계실 것이다. 어디서도 육아 도움을 받을 수 없는데 벌이가 필요한 상황에 처한 분들이 말이다. 내 결론은 이랬다. 육아에서도 완벽하고 싶고, 직장에서도 예전에 받던 대우나 월급만큼 받고 싶은 그 두 가지 마음을 내려놓자. 우선순위를 생각하여 양보할 수 있는 것들은 양보하고, 그에 관해서는 마음을 비워야 한다.

삶의 우선순위를 확실히 하는 것은 매우 필요한 일이지만 그것만으로 모든 고민이 해결되지는 않는다. 우선순위에 집중하면 그 뒤의 것들, 즉 차순위에 관해서는 일정 부분 포기하는 수밖에 없다. 현실을 인정해야 하는 것이다.

그다음엔 현실적으로 내가 양보할 것들, 어느 정도 포기해야 할 것들을 직시할 필요가 있다.

복직을 선택한다면 육아도우미 비용, 필요에 따라서는 가사 도우미 비용 등 각종 헬퍼 비용을 앞으로 수년간 고정비용으로 놓는다. 아이에게 엄마의 시간 제약에 관해서도 충분히 설명하고 양해를 구해야 한다. 필요할 때 항상 있어줄 수는 없다는 사실을 말이다.

반대로 나처럼 사업을 선택한다면 초기 비용이 필요하며 실패 가능성이 있다는 사실을 인정해야 한다. 수입의 크기는 예상이 어려우며, 사람들의 시선 또한 과거 직장에 소속된 커리어우먼일 때와는 다르리란 점을 인식해야 하겠다.

●————●
행복에는 질량이 없다

자신의 틀을 깨고 나온다는 것은 쉬운 일이 아니다. 하지만 시도해볼 가치가 있다. 틀 안에 있을 때는 알지 못한 새로운 각도에서 기쁨과 행복, 만족감을 접할 수 있기 때문이다.

이전의 나는 삶의 성적표에 집착했었다. 그리고 모든 것을 점수화, 계량화하곤 했다. 점수를 매기려면 항목이 있어야 하기 마련이다. 어디를 다니고, 얼마나 벌고, 누구의 인정을 받고 등 점수를 이루는 항목은 대개 외부적인 것들에 치중돼 있었다. 이랬던 내가 타인을 기준으로 나를 바라보던 프레임에서 벗어나 자유로움과 해방감을 느끼게 된 것은 아이를 키우면서였다.

아이의 웃는 표정, 자는 얼굴, 저 자신이 무엇을 하는지도 모르고 꼼지락 대는 아무것도 아닌 작은 몸짓…. 이런 것들을 통해 이렇게나 놀라운 행복을 느낄 수 있다니! 내 아이뿐 아니라 실은 세상 모든 아이가 다 똑같이 거치는 발달 단계임을 알면서도, 하나하나 그렇게 감동일 수가 없었다.

나는 깨달았다. 행복은 물리계 그 너머에 존재한다는 것을.

지금 나는 과거의 성적표들을 싹 폐기한 상태다. 나의 인생을 굳이 타인들의 저울 위에 올려 무게를 재고, 그 무게만큼 행복하다고, 잘 살고 있다고 생각할 필요가 없으니까.

그 대신 물리계의 무게 개념으로는 측정할 수 없는 행복을 매일 느끼며 살고 있다.

CHAPTER 4

나 자신을 잃어버린 것처럼
느낀다는 당신에게

페르소나Persona란 사회적 역할이나 지위에 따라 다르게 나타나는 외적 성격을 말한다. 고대 그리스 가면극에서 배우들이 썼다 벗었다 하는 가면에서 유래한 말이라고 하는데, 현대인은 모두가 이 페르소나를 몇 개씩 가지고 있다. 누구의 딸 혹은 아들, 어떤 일을 하는 직업인, 어디 소속, 어느 지역 출신 등. 결혼을 하면 여기에 누구의 아내, 누구의 며느리 혹은 사위가 더해지고 아이를 낳으면 그 아이의 엄마 혹은 아빠가 된다.

책을 쓰기 위해 조사도 할 겸 지인에게 도움말을 구하다가 이런 이야기를 들었다. 회사에 다닐 때 자주 교류하며 일하던 옆 부서 동료가 있었는데, 그분의 결혼 소식을 듣고 서너 명이 함께 식장에 갔다. 그런데 공교롭게도 당일 같은 시간, 같은 층에서 성씨가 같은 신부 둘이 결혼하더라는 것이다. 예를 들자면 한쪽은 정해원 씨가, 한쪽은 정혜진 씨가 신부인 상황이었다. 순간적으로 일행 모두 이렇게 말했다고 한다.

"맨날 정 대리, 정 대리 부르기만 해서 헷갈리네. 정 대리 이름이 뭐였더라?"

그리고 청첩장을 꺼내서 확인한 후 찾아간 신부 대기실의 정 대리는 평상시 보던 그 모습이 아니었단다.

"그렇게 화사한 표정을 지을 줄 아는 사람인 줄 처음 알았어요."

당시를 회상하며, 지인은 이렇게 덧붙였다.

"예전에는 그나마 회사 밖에선 이름으로 불렸는데, 지금은 누구 하나 내 이름을 불러주는 사람이 없어요. 다들 '지훈이 엄마'라고만 해요. 남편도, 시부모님도, 동네 친구들도, 하다못해 우리 엄마 아빠도 말이에요. 이러다가 나중에 죽으면 장례식장에 온 사람들이 내 빈소를 못 찾고 '지훈이 엄마, 이름이 뭐더라?' 할 것 같아요."

자신이 누구인지 말할 수 있는가

나 역시 많은 페르소나를 가지고 있다. 그리고 그 모든 페르소나가 바로 나 자신이라고 생각한다. 내가 누구의 아내인 것도, 엄마인 것도, 딸이고 며느리이고 언니이고 선배이자 후배인 것도 모두 사실이니까.

중요한 건 균형을 잡는 것 아닐까. 어느 하나의 페르소나에 매몰되기 시작하면, 그 역할을 수행하고 있는 주체로서의 나를 잃어버리기 쉬운 것 같다. 역할 자체가 나는 아닌데 말이다.

그래서 다시 한번 말하는데 삶의 우선순위를 확실히 하는 것이 중요하다. 나는 여러 가지 중 엄마로서의 역할을 가장 중요한 페르소나라고 여기고, 아이들이 나의 케어를 필요로 하지 않을 때까지 그러니까 최소 10~15년은 엄마 역할을 하는 데 가장 힘을 쏟기로 했다.

이때 우선순위를 선택하는 이는 누구인가? 바로 '나'다. 주체는 본래의 나이며, 내가 가장 중요한 페르소나로 선택한 것은 엄마이고 최우선순위결정의 대전제는 아이들이다. 어떤 선택을 하며 이유가 무엇이든, 중심에는 자기 자신이 있다.

요즘엔 만나는 사람마다 내게 어떻게 화월청과를 만들었는지 묻는다. 아이를 낳고 키우며 내 삶의 가치관이 재정립되었고, 기존의 내 머릿속 프레임에서 벗어나 편견 없이 내가 가질 수 있는 기회와 가능성들을 검토한 덕분이라고 답한다. 무엇보다도 내가 무엇을 잘할 수 있고 진짜 좋아하는 일이 무엇인지, 나는 어떤 사람이며 아이들을 잘 키우기 위해 어떤 사람이 되어야 할지에 관해 생각했기 때문이다.

즉, 세상에서 가장 사랑하는 나의 분신, 두 아이를 위한 최선의 길을 찾다 보니 내가 가진 재능과 자원 그리고 지금까지 다져온 능력 등을 십분 발휘하게 되었고, 그 결과 탄생한 것이 지금의 사업이란 것이다.

눈치 좋은 독자라면 알아챘겠지만, 이 이야기의 주체 역시 '나'다.

누구의 엄마로만 불리며 점차 나를 잃어가는 것 같은가? 내 새끼니까 당연히 말할 나위 없이 이쁘지만, 종종 '얘가 왜 이럴까' 싶은 때도 많다. 아이와 아웅다웅 하느라 고단하고 다 때려치우고 싶은데 속 모르는 남편이 와서 '애 엄마' 운운하면 열이 확 받는다. 서럽고 서운하기도 하다. 우는 아이들은 '엄마'를 찾고, 남편은 '니네 엄마'를 찾고, 친정 엄마 아빠를 만나도 "○○이 엄마야"라고 불리는 현실에 숨이 막힌다면, 당신은 엄마라는 페르소나에 지나치게 매몰돼 있는 것일지도 모른다. 행복하지 않은 건 아닌데 너무 힘들고, 때로 내가 어쩌다 이렇게 됐지 싶다면 다양한 사회적 페르소나들의 균형을 잃은 상태일 수 있다.

엄마가 행복해야 아이도 행복하다는 유명한 말이 있다. 엄마가 엄마라는 역할에 억눌리지 않아야, 아이도 자유롭고 당당하게 자랄 수 있을 것이다.

엄마로서 나의 인생을 희생하든 양보하든, 직장에 다니며 현실과 협상을 하든 타협을 하든, 새로운 각오로 새로운 일을 찾든, 선택의 주체는 나 자신이어야 한다. 엄마가 주체적이어야 아이도 자신의 인생을 주도하며 살아갈 수 있지 않을까?

그러므로 내가 누구이며 어떤 사람인지부터 다시 한번 정리해보길 권한다. 사회적 페르소나들을 다 내려놓고, 그 가면을 바꿔가며 쓰고 있는 나라는 사람의 본래 모습을 한번 적어보는 것이다.

나도 이런 과정을 거쳤었다. 다음은 내가 썼던 메모의 내용이다.

20대 이전의 나는

매사 까칠하고 화가 많고 불만이 많았다. 삶에 여유가 없어서 남을 돌아볼 여유가 없었다. 현모양처가 꿈으로, 부모가 준 결핍을 내 가정으로 채우고 싶다는 생각을 많이 했었다.

20대 이후의 나는

좋은 사람들과의 교류를 통해 성격이 많이 동글동글해졌다.
여전히 직설적이지만 뒤끝은 없다. 사회생활하며
사람들 만나는 것을 좋아한다. 영업에 재능이 있다.
낯선 사람을 만나 대화하는 게 재미있다.
덜렁거리지만 할 일은 제대로 한다.

내가 누구인지를 생각하는 게 그리 거창한 일이 아니다. 당연히 별 내용도 없다. 그런데 이 별것 아닌 짧은 메모를 쓰는데, 슬며시 웃음이 나며 마음이 놓이는 것이었다. '그래, 나는 이런 사람이지.'

독자 여러분도 한번 가벼운 마음으로 적어보시길 바란다. '원래 나는 이런 사람이지.'라는 생각과 함께, 지금 엄마라는 역할의 중압감에 눌려 있긴 해도 '나라는 사람은 어디 안 가고 여전히 여기 있다.'는 사실을 인식할 수 있을 것이다.

● —— ●

삼십 대 여자, 우리는 엄마인 동시에 여전히 청년이다

도전사업을 결심한 후부터의 실행 기간은 생각보다 짧았다. 하루가 다르게 크는 아이들 덕분인지 내 시간의 흐름에도 속도가 붙었기 때문이다. 매일매일 어떻게 흘러가는지 모르다 보니 무언가를 오래 두고 고심하며, 이것저것 재고, 여러 날 묵혀가며 준비할 겨를이 없었다. 닥치는 대로 했다. 그러다 어느 날 문득 이런 생각이 드는 것이었다.

'그러고 보니 대학 시절 못지않게 바쁘게 살고 있잖아?'

앞서도 잠깐 언급했듯이, 최근 들어 내가 하는 사업과 관련해 문의하는 분이 부쩍 늘었다. 대부분은 나와 비슷한 연령대, 그러니까 삼십 대 초반부터 사십 대 초반 정도 여성분들로 아직 어린 자녀를 둔 경우다. 더 늦기 전에 새로운 영감을 얻고자 하는 것인데, 이처럼 도전의식이 큰 분들도 막상 사업을 시작하기는 망설여진다고 한다.

"제가 어린 나이도 아니고, 애들도 있고 하니⋯. 이십 대 때는 정말 열정이 넘쳤었는데, 솔직히 그때처럼 일할 수 있을지 자신이 없네요."

이 말씀을 하신 분은 삼십 대 중반으로, 나와 동갑이었다. 그에 대한 내 대답은 무엇이었을까?

"그거 아세요? 나라에서 정한 청년의 마지노선이 서른아홉 살인 거? 우리도 아직 나라가 인증해주는 청년이에요~." 근거 없는 말이 아니다. 정부 및 지자체의 지원기관마다 약간씩 다르기는 해도 창업이나 사업 지원을 받을 수 있는 '청년'의 나이는 만 39세다.

때론 나를 잃어버린 것도 같고, 어쩌다 이렇게 살고 있나, 울다가 웃다가 인생의 희로애락을 하루에도 몇 번씩 겪으며 나이 들어가고 있는 것 같지만 사회의 시선으로 볼 때, 삼십 대 엄마는 여전히 청년이다.

사십 대라 해서 별다르지 않다. 정부 공식 인증 '청년'의 나이를 지났을 뿐 우리 사회의 평균 수명과 세대 구성 비율로 보면 여전히 젊은 나이다. 한국인이 기대수명이 남녀 모두 80세를 넘고, 특히 여성의 기대수명은 무려 86.3세인 시대2020년 통계청 발표에 사십 대라면 청년이라 표현해도 무방하지 않을까?

삼십 대, 사십 대 엄마 중 상당수가 입에 달고 사는 말이 있다. "나도 아가씨 때는…"이란 말이 그것이다. 이제 비록 아가씨는 아니지만, 우린 여전히 젊다. 도전해보기에 늦지 않은 나이, 아니 어쩌면 딱 좋은 나이다.

● ── ●

자기 중요감부터 다시 채워 넣어야 할 때

엄마가 행복해야 아이도 행복하다는 말로 다시 돌아가 보자. 같은 맥락에서, 자존감 높은 아이로 키우고 싶다면 엄마의 자존감도 높아야 한다.

자존감은 '자신을 얼마나 사랑하고 만족하고 있는지'에 대한 지표를 뜻하는 단어『자존감 수업』, 윤홍균 지음, 2016이다. 각종 사건과 인간관계를 비롯하여 삶을 대하는 태도의 기본이 된다. 자존감이 높으면 외부에 쉽게 영향받지 않지만 반대가 되면 타인의 말과 행동에 휘둘리고 얽매이기 쉽다. 대표적인 예로, 요즘 화제가 되고 있는 주제인 가스라이팅은 지속적으로 피해자의 자존감을 낮춰 결국 피해자를 손아귀에 쥐고 조종하는 수법이라고 한다. 자존감을 지키는 일은 나 자신을 지키는 일이기도 한 것이다.

그런데 사실 나 같은 사람에게 자존감은 상당히 난해한 영역이다. 고등학교 이후의 거듭된 성취 경험으로 자존감과 자신감이 굉장히 향상되었으나, 내면 깊숙이 들어가면 여전히 움츠려 있는 어린 시절의 내가 있다.

자존감에 대한 책을 읽는데, 이런 대목이 나왔다.

자존감에 영향을 미치는 요인은 다양하지만 우리는 크게 다음 두 가지로 나누어서 살펴볼 수 있습니다. 첫째, 어린 시절 부모님과의 관계입니다. (중략) 어린 시절에 배운 관계의 패턴, 그리고 그 관계 속에서 느끼고 생각하는 나에 대한 개념은 우리의 자존감에 주요한 뼈대를 구성합니다.

— 『자존감, 어떻게 회복할 것인가』 선안남 지음, 소울메이트, 2018

심리 치료를 받지 않는 이상 이건 내가 어찌할 수 있는 문제가 아니다. 자존감과 비슷하게 자아통제감, 자아효능감 등 심리학 용어들이 많지만 이 또한 내게는 조금 어렵게 느껴졌다. 평범한 일상 속에서 찾고, 스스로의 노력으로 만들어 나가기에는 막연한 개념이란 생각도 들었다.

그렇다고 해서 자존감의 중요성이 줄어들지는 않는다. 때때로 불쑥 튀어나오는 어린 나를 달래고, 나아가 내 가치에 대해 거듭 확신을 가질 방법이 필요했다. 내가 찾은 심플한 야매 처방은 바로 이것! '나는 정말 중요한 일들을 제대로 해내고 있는 정말 중요한 사람이 야.'라는 주문이었다.

실제로 내가 하는 일 중 어느 것 하나 중요하지 않은 일은 없다. 육아, 사업, 살림, 모두 다 중요한 일들이다. 아이들과 대화를 나누고 정서를 보살피는 일도, 남편과 대화하고 서로에게 의지가지가 되어주는 일도 빠뜨릴 수 없다.

혹시 일상에 지치고 육아에 치여서 내가 아무것도 아닌 존재처럼 느껴지는가? 그렇다면 나의 야매 처방을 한번 활용해보는 것이 어떨까 한다. 당신은 정말 중요한 일들을 제대로 해내고 있는 정말 중요한 사람이다!

●　———　●

아이도, 나 자신도, 돈벌이도, 모두 소중하다

우선순위를 매기는 것은 한정된 삶의 자원을 효율적으로 배분하기 위한 방법이지, 순위 리스트 외의 것들을 배제하라는 뜻이 아니다. 또한 순위를 매기긴 했으나 중요도는 다를 수도 있다. 똑같이 자녀를 삶의 최우선순위에 놓았어도, 어떤 이에게는 그 중요도가 100 이고 어떤 이에게는 그 중요도가 80일 수 있는 것이다. 그런가 하면, 자신의 커리어 계발이 1순위이고 자녀 육아가 2순위이지만 순위 간 차이가 별로 없어 실은 엎치락뒤치락하는 수준일 수도 있다.

앞서 양자택일의 이분법적 관점에서 벗어나자는 이야기를 했었다. 하나의 페르소나에 너무 매몰되지 않도록 주의하자는 이야기도 했다. 우리에게 필요한 것은 균형이다. 무엇을 선택하고 어떤 목표를 가지고 살든 스스로 균형을 잡고 나아가는 것이 필요하다. 나 자신을 여러 가지 역할과 삶의 무게들을 지고 항해하는 배에 비유하여 생각해보자. 잘 균형 잡지 않으면 바로 한쪽으로 치우쳐 전복되고 말 것이다.

내 경우엔 최우선순위가 아이 육아이고 차순위가 사업이지만, 그렇다고 해서 차순위가 중요하지 않은 것은 아니다. 오히려 삶에서 매우 중요한 부분 중 하나다. 일단 등수를 매길 정도면 중요도 면에서 베스트 안에 들어간다는 뜻이다.

자아실현 같은 거창한 목표를 위해 시작한 사업은 아니었다. 내가 원한 것은 '미취학의 아이 둘을 키우면서 가능한 돈벌이'. 희망사항은 '아이를 내 손으로 부족함 없이 키우면서 돈도 풍족하게 벌고 싶다.'는 것이었다. 혹자가 보면 속물적이라고 할지 모르지만 그것이 현실이고, 솔직한 마음인 걸 어쩌겠는가.

다행히도 나는 내 의도와 목적에 맞는 사업 모델을 잘 구축한 덕분에 중요한 것 어느 하나 놓치지 않고 나아가고 있다. 독자 여러분도 충분히 가능하다.

어떤 사람들은 이렇게 조언할 것이다.

완전히 올인하지 않으면 어느 것 하나 제대로 해내지 못할 거라고. 그러니 하나라도 잘하라고.

나는 감히 말하고 싶다.

"내 아이도, 가정도, 나 자신도, 그리고 돈벌이도 모두 다 너무나 중요해요. 싫어도 이게 현실인데 어떻게 하나요? 그러니 중요한 것들을 다 싣고 균형 잡힌 항해를 할 방법을 찾아봐야죠."

내가 투자가 아닌
사업을 선택한 이유

여기까지 읽으면 이런 의문이 들 수 있다. "아이도 키우고 돈도 벌려면 사업보다는 투자가 더 적합하지 않나?"

투자라고 하면 주식, 부동산, 가상화폐 등 여러 가지 종류가 있을 것이다. 주식으로 말하자면, 솔직히 내가 사업을 구상하기 시작한 2020년 초는 코로나가 발생하기 시작한 초기 시점이었다. 증시가 곤두박질칠 때였는데 공부를 많이 한 분들은 그때 투자해서 큰돈을 벌었다고도 하지만, 내게는 그런 배짱이 없었다. 지금도 그렇다. 소소한 금액이라면 모를까, 잘 모르는 증시에 크게 베팅할 만큼의 그릇은 못 된다. 부동산에는 아예 투자할 만한 목돈이 없었다.

이런저런 사정과 더불어서, 보다 근본적인 이유도 있었다.

첫째, 투자는 나의 노력이나 노하우, 능력보다는 외부적 영향을 더 크게 받기 때문이다.

코스피와 코스닥이 왜 떨어지는지를 분석할 수는 있어도 내일 떨어질지 오를지 예측할 수 있는 사람은 없다. 세계 경제에 어떤 사건이 벌어질지 모르고, 변수들을 전망할 수는 있지만 거기에 대응할 뿐, 내가 영향을 미칠 가능성은 전무하다. FOMC 발표에 전 세계 증시가 촉각을 곤두세우고 있지만, 거기에 나의 영향이 눈곱만치라도 개입될 가능성이 있는가? 전혀 없다. 나와는 무관하게 움직이는 시장 경제의 흐름에 현명하게 대응해가며 돈을 벌어야 하는 것이 투자인데, 솔직히 말해 내 스타일이 아닐뿐더러 자신도 없었다.

반면에 사업은? 장사와 사업 또한 경기의 영향을 받는다. 그러나 그것이 100퍼센트는 아니다. 그야말로 될놈될이고, 내 노력과 전략이 어쩌면 결과를 바꿀 수도 있는 것이 사업이다.

집에서 전업으로 투자를 했다면 물론 시간 활용에 있어서는 좀 더 자유로웠을 것이다. 육체적인 피로도 지금보다 덜했을지 모른다는 생각을 한다. 하지만 앞서 말했듯 내가 적극적으로 통제할 수 있는 영역이 아니다 보니, 전업 투자의 경우 성격상 불안감을 많이 느끼고 예민해졌을 것 같다.

정보와 숫자로 씨름하는 주식 투자와 달리, 장사에는 매장이 있고 실제 물건이 있고 몸을 움직이고 힘을 써서 해야 할 일들이 있다. 안정적으로 상품을 공급받고 있지만 그럼에도 때로는 새벽에 나가 시장에서 직접 선별해야 하는 날도 있다. 주문을 받고 배달도 하며 고객 응대도 해야 한다. 정신적으로는 잘 모르겠지만, 육체적으로는 확실히 주식 등의 투자보다 고단할 것이다. 그런데 반대로 생각하면, 그만큼 나의 통제력이 미치는 범위가 크다. 그 점이 주는 안전감이 있다. 물론 불가항력적 문제가 발생해 내가 어쩔 수 없는 상황이 될 수도 있지만, 그 가능성이 여타 투자에 비해 크지는 않다.

둘째, 투자소득은 월급이 될 수 없기 때문이다. 주식이 올라도 팔기 전까지는 내 돈이 아니다. 그냥 수익률과 평가금액일 뿐이다. 부동산은 어떤가? 월세 사업을 하지 않는 이상, 집이든 상가든 팔지 않으면 아무리 시세가 올라도 내 손에 쥐어지는 돈은 없고 이자만 나간다.

그런 반면에 사업 소득은 명쾌하다. 한 달 매출액에서 재료비, 운영비, 영업비 등 각종 비용을 제외하면 그것이 내 수입이 된다. 다달이 집에 가져갈 수 있는 돈이 생기는 것이다.

근래엔 조금 다른 관점에서 사업하길 잘했다는 생각을 하고 있다. 단지 돈을 버는 것을 넘어 고객들과 유대관계를 쌓고 그분들에게 가치를 제공하고 있기 때문이다. 또한 그것이 사업의 성공으로 이어지는 경험을 하면서 애초 '한 달에 얼마 버는 장사'를 한다고 생각했던 마음가짐 또한 바뀌었다. 나름대로 사명감과 비전을 가지게 된 것이다. 기본을 지키며 장사했더니 돈이 따라오더라는, 어디 오래된 경영학 책에서나 볼 법한 이야기를 몸소 체험하면서 선善을 추구함으로써 부자가 될 수 있겠다는 생각도 한다.

그래서 지금부터는 좀 더 큰 목표를 가져볼까 한다. 아이에게 롤모델이 되는 사업가 엄마가 그것이다. 사회에 영향력을 가지고 좋은 상품과 더불어 좋은 메시지를 전달하는 사람. 아이들이 앞으로 어떤 진로를 택하여 무엇이 될지는 모르나 정도正道를 걸어감으로써 성공할 수 있음을 눈앞에서 보

여주고자 한다. 그렇게 해서 아이들이 자랑스러워하는 자수

성가형 부자 엄마가 되려는 것이 최근 내가 새롭게 품으려는

삶의 목표 중 하나이다.

△ 인테리어를 마치고 오픈을 준비하던 당시 매장 모습

▽ 나무 트레이에 소담스럽게 담은 과일들

PART 2

목표는 작게,
마음은 가볍게,
실행은 빠르게

인간은 잘해야 겨우 60퍼센트 정도만 올바른 판단을 할 수 있다.
이 판단 뒤에 필요한 것은 다름 아닌 용기와 실행력이다.
아무리 올바른 판단, 정확한 판단을 했다고 해도
실행하려는 용기와 힘이 없다면 그 판단은 아무런 의미도 가질 수 없다.
용기와 실행력이 60퍼센트의 판단을 확실한 성과로 바꾸어준다.

— 마쓰시타 고노스케 파나소닉 창업자이자 경영의 신(神)으로 불린 전설적인 사업가

CHAPTER 5

나 자신을 일으켜 세울
용기를 내야 할 때

육아휴직 혹은 불가피한 사정으로 퇴직 후, 집에서 온종일 아이를 돌보게 된 엄마 중 많은 수가 마음의 병을 겪는다고 한다. 그 파고가 얕든 높든 초보 엄마들은 한번쯤 허무감과 무기력감, 말로 표현이 안 되는 고단함을 느낀다. 임신과 출산, 육아를 거치며 겪는 호르몬의 작용 또한 무시할 수 없다. 작은 서운함에도 눈물이 쏟아진다. 사회생활을 하면서 나름 단련되었다고 생각했던, 그래서 마음속 저 밑바닥에 잘 감춰뒀다 생각했던 마음의 연약한 부분들이 속절없이 드러난다. 힘들다고 느껴지는 날이 길어지고, 피로가 커질수록 마음속 연약한 부위의 크기도 점점 더 확대되어 간다. 그러다 자칫 우울 같은 감정에 압도돼 버리기도 하는 것이다.

육아휴직이 1년 정도 남은 무렵이었다. 더는 미룰 수 없다. 이제는 뭔가 결심해야 할 때가 왔다고 생각했다. 내가 원하는 일의 목적내 손으로 두 아이를 키우면서 돈도 버는 것과 형태아이가 어린이집에 있는 시간 동안 일하는 것는 명확하니, 일단 시도해보고 만약에 생각대로 일이 풀리지 않는다면 1년 후 복직하는 거다.

그런데 이게 웬일인가. 머릿속에서는 계산이 끝나 이제 실행만 기다리고 있는데 몸은 천근만근, 할 일은 하되 나머지 시간은 그냥 누워있고만 싶었다. 큰아이가 22개월, 둘째를 임신한 지 9개월이 되었을 때다. 큰아이 뒤치다꺼리할 일은 많은데 몸은 한창 무거우니 지금에 와 생각하면 '그랬을 만도 하다' 싶다. 하지만 그때는 내가 나를 이해할 수 없었다. 고등학교 때는 미친 듯이 공부했고, 대학 시절은 내내 장학금을 타면서 생활비도 벌고 그 와중에 놀 거 놀고 할 거 다 했었는데, 그런 내가 무기력이라니?

아이 기저귀 하나 공산품을 쓰는 일 없이 천기저귀를 일일이 삶아 쓰고, 간식이든 이유식이든 사서 먹이는 일이 없었다. 주변에서 대단하다 할 정도로 열성적으로 아이를 케어했다. 그런데도 무기력하다고 느낀 건, 당장 닥친 일 외에 '앞으로 이렇게 해야지' 마음먹은 일들은 자꾸 뒤로 미루고 있었기 때문이다.

무기력에서 벗어나는 방법은 의외로 단순하다고 한다. 작은 실행이라도 해보는 것, 베이비스텝 같은 첫걸음을 내디뎌 보는 것이다. 만약 누운 채로 꼼짝하기 싫은 무기력에 빠져있다면 일어나서 앉는 것부터가 시작이라고 한다.

나의 무기력은 신체보다는 마음의 문제였다. 하던 일이 아니라 완전히 새로운 일에 도전하려면 많은 면에서 변화가 필요했다. 그 변화에 저항이라도 하듯 마음이 무기력에 빠져버렸던 것이다.

눕고 싶은 마음을 일으켜 앉히기 위해 처음 한 일이 앞 장에서 이야기한 '나는 어떤 사람인가'에 대한 메모였다. 생각만 하는 것이 아니라, 식탁 위에 노트를 펴고 앉아서 손으로 끄적였다. 매일 하던 일과 외에 뭔가 다른 일을 했다는 것만으로도 뿌듯함이 느껴졌다. 일상의 과제들을 마치 로봇처럼 해내느라 내일의 변화를 도모할 에너지가 방전된 상태였다면, 그 작은 일을 한 것만으로도 에너지가 약간은 충전되기 시작한 기분이 들었다.

밑그림 그리기 : 나의 내적·외적 자원 찾기

'나는 어떤 사람인가'를 돌아보았다면, 그다음 단계로 나아갈 차
례다. 이 또한 거창하지 않다. 나라는 사람의 본모습ㅡ어떤 역할이나 페르
소나와 관계없는 본래 나 자신에 관해 생각해봤으니, 그렇다면 내가 가진
것은 무엇인지 쭉 한 번 적어보기로 했다.

> **내가 가진 자원(내적 자원)**
>
> 한다면 한다는 실행력, 일단 부딪히고 보는 근성, 자신감,
>
> 온갖 알바와 사회생활로 다져진 영업력, 친화력,
>
> 전문가는 아니지만 최소한 트렌드에 뒤처지지는 않는
>
> 미적(디자인적) 감각

내가 가진 내적 자원이란 성격적 장점부터 그동안 습득해온 기술,
능력 등을 아우른다. 사회 초년생의 자기소개서에 나열될 법한 이런
내용들을 정리해보는 이유는 다음과 같다. 기존에 하던 일이 아니
라 전직轉職, 즉 새로운 직업에 도전하려는 마음을 먹었기 때문이다.

어떤 일을 하는 것이 좋을지 모색하는 단계라면 내게 맞는 직업의 특성을 추리는 데 도움이 된다. 나 같은 경우, 내적 자원을 정리해보면서 '내가 주도적으로 이끌 수 있는 사업, 그중에서도 사람을 대하는 일' 쪽으로 방향성을 정리할 수 있었다. 한편, 이미 전직할 직종을 선택했다면 그것이 내게 맞는 일인지, 내 장점과 능력을 살릴 수 있는 일인지 아닌지 점검해볼 기회가 된다.

가볍게 적어보는 것이지만, 그 효과는 결코 작지 않다. 우리가 자주 범하기 쉬운 실수는 내가 아니라 남의 기준으로 무언가를 선택하는 데서 생긴다. 남들이 보기에 빛깔 좋아 보이는 일이 아니라 내게 맞는 일을 찾아야 변화에 성공할 수 있다. 천성이 양치기인 대형견을 집 안에 들여놓고, "따뜻한 실내에서 사는 걸 보니 보기가 좋구나. 너는 이제부터 짖거나 뛰는 일 없이 세련된 도시견으로 살아라."라고 한다면, 그 개가 변화에 적응할 수 있을까. 내가 어떤 류의 사람인지를 알아야 머물 곳을 정할 수 있고, 그곳에서 덜 스트레스받고 능력도 발휘할 수 있다.

내적 자원을 열거해봤다면, 내가 가진 외부 자원은 무엇인지 생각해볼 차례다.

그런데 여기서 딱 막히는 것이 아닌가.

'설마 이걸로 끝?' 스스로도 믿기지 않아 머리를 굴려봐도 달리 가진 것이 떠오르지 않았다. 집 대출 갚기에 급급한 형편이라 여유 자금이라고는 없고, 무슨 일이든 시작하려면 우리 부부의 마이너스 통장에서 한도까지 끌어와야 할 판이다. 다만, 무료함에서 벗어나기 위해 아이 이유식과 간식을 하루하루 인스타그램에 올리기 시작한 것이 호응이 좋아 육아법과 인테리어에 관한 내용까지 범위를 넓히며 팔로워가 제법 모인 상황이었다.

진지하게 인스타그램으로 사업을 해야 하나, 고민하고 있을 때 뜻밖의 커다란 자원이 눈에 띄었다.

엄마는 구리농수산물 시장에서 과일 중도매인중매업 허가를 받고 공판장에 상장된 농수산물을 경매를 통해 소매상에 중개하는 사람으로 일하신다. 과일 장사 경력만 무려 20년이 넘었다. 그 덕분에 아이를 키우며 한번도 과일을 사다 먹인 적이 없었다. 이렇듯 친정엄마로부터 조달받다

74

보니 엄마가 가져다주는 과일의 퀄리티가 당연한 줄만 알았다. 그런데 우리 집 과일을 먹어본 주변 사람들이 하나 같이 묻는 것이었다.

"이거 어디서 샀어?"

시작은 동네 언니들로부터 부탁을 받아 엄마의 과일을 심부름한 것이었다. 우리 아이 먹일 과일을 가져오는 길에 동네 언니들의 주문도 받아간 것인데, 그런 일이 몇 번 반복되니 어느 날부터인가 차 뒷좌석에 한 가득 과일을 싣고 나르게 되었다. 이 집 저 집 과일 심부름을 해주는 것도 만만치 않은 일이라 그만할까도 싶었는데 다들 이렇게 말하는 것 아닌가.

"자기네 과일을 먹다 보니까, 이제 다른 과일은 못 먹겠어. 좀 부탁할게."

'우리 엄마 과일이 그렇게 특별한가?'라는 생각이 의구심에서 확신으로 점점 바뀌어가고 있었다. 가장 가까운 곳에서 가장 든든한 자원을 발견한 것이다.

곧장 과일 사업과 관련된 조사를 시작했다. 인스타그램을 서칭하니 흔히 보던 시장표 과일 바구니가 아니라 '프리미엄 과일 가게'를 표방하고 세련된 디자인의 과일 세트를 파는 곳이 보였다. 비록 전문가는 아니지만 어떤 것이 트렌디한 디자인인지 정도의 감각은 가지고 있다. 나라면 어떻게 구성하고 포장할지 상상하며, 자칭 프리미엄 과일을 판다는 쇼핑몰들을 찾아 시켜보기 시작했다. 아마도 당시 영업하고 있던 어지간한 곳의 과일은 다 먹어보았을 것이다. 그리고 깨달았다.

'와, 우리 엄마 거 정말 경쟁력이 있는데?'

맛에서 비교할 수가 없었다. 더군다나 비교적 퀄리티가 일정한 엄마의 과일과 달리, 같은 쇼핑몰에서 같은 품목을 시켜도 퀄리티가 들쭉날쭉하다는 걸 알게 되었다. 맛있는 것과 그저 그런 것, 좀 아니다 싶은 것들이 섞여서 평균 점수를 떨어뜨리고 있었다. 이처럼 쇼핑몰마다 여러 구성의 세트 상품들을 연달아 시켜 먹어보며 더욱 자신감을 가지게 되었다.

내가 가진 자원(외적 자원) : 수정판

육아와 인테리어 인스타그램(현재 팔로워 6천여 명), 블로그,
아직 한도가 남아있는 마이너스 통장, 그리고
최상의 상품(과일)을 제공받을 수 있는 믿을 수 있는 공급처!

과일 인생 20년의 경력에서 나오는 초능력이라 표현해도 좋을 정도로, 엄마의 과일은 맛과 질이 일정하게 최상 수준이었다. 게다가 중도매인이라는 직업상 충분한 양을 확보하는 데도 무리가 없다.

'이거야말로 프리미엄이란 단어에 어울리는 퀄리티지!'

프리미엄 과일 가게라는 콘셉트는 내가 가진 내적 자원과 외적 자원 모두에 부합하는 것이었다. 어쩌면 그 모든 것을 총합하였을 때 도출할 수 있는 최고의 결론일지 모른다.

그렇게 사업 아이템에 대한 확신이 섰다.

●────●

구체화하기 : 현실적으로 고려해야 할 조건 확인하기

내가 가진 자원들을 검토함으로써 어느 정도 밑그림을 그렸다면, 그다음에는 조건을 붙여 그림을 구체화한다. 이때 조건은 내가 가진 제약들, 고려해야 할 한계점으로 대체해도 무방하다.

다시 노트의 다음 장을 펼칠 때이다.

위와 같은 제약 사항, 즉 조건 안에서 사업을 만들어나가야 하는 것이다. 이로써 과제는 확실해졌다. 모든 비용을 합쳐 8천만 원의 자본금 안에서, 하루 5시간 과일을 팔아 남들 월급만큼의 순수익을 낼 방법을 찾아야 한다!

처음에는 가능할까 싶기도 했다. 하지만 문제에는 언제나 해법이 존재하는 법. 답은 분명히 있으니 찾아나가면 된다는 마음으로 도전을 이어갔다.

●———●

엄마가 되었을 때의 그 용기로, 도전은 언제나 옳다

처음 아이를 가졌을 때를 기억하는가? 기쁨과 동시에 두려움도 생긴다. 임신과 출산에 대한 책을 사고 동영상을 보면서 미리 공부하다 보면 기대보다 두려움이 더 커지기도 한다. 두려움을 느끼는 이유는 다 다르다. 임신 사실을 알기 전에 약을 먹은 일로 걱정하기도 하고, 본래 가지고 있는 질환이 심해지거나 심지어 그로 인해 순산하지 못할까 봐 무서운 생각이 들기도 하고, 임신 살이 빠지지 않을까 봐 심란해하기도 한다. 진통이나 절개가 얼마나 아플지, 회복은 잘될지 등에 대한 두려움은 거의 모든 산모가 경험할 것이다.

출산 후는 또 어떤가. 아이가 너무 작고 연약한 나머지 다치게 하지 않을까라는 무서움, 혹은 다른 사람이 아이를 잘못되게 만들지 않을까 하는 불안감에 시달린다. 그로 인해 예민해지고 심지어는 공포감과 강박을 가지게 되는 경우도 있을 정도다.

중요한 것은, 세상 모든 엄마는 그러한 두려움과 불안을 이겨내고 아이(들)를 낳고 키우는 용감한 존재라는 사실이다. 엄마인 우리는 살면서 가장 큰 도전에서 이미 성공한 경험이 있다. 그리고 하루가 다르게 커가는 아이를 보살피며, 매일 같이 양육이라는 과제에 도전하고 있다.

어쩌면 우리엄마들가 가진 가장 큰 내적 자원은 '용기'가 아닐까.

나는 그 용기로, 내 아이를 지켜내고 나와 내 가족의 더 나은 미래를 만들기 위하여 도전하기로 결심했다. 가족에 대한 사랑이란 숭고한 목적을 가지고 있는 한, 엄마의 도전은 항상 옳다는 확신을 가지고.

CHAPTER 6

좋아하는 그 지점에
미래가 있다

'사업 기획'이라는 말을 들으면 뭔가 대단한 공부가 필요할 것 같다. 굉장히 신선하고, 엄청난 아이템을 발굴해야만 할 것 같은 기분이 든다. 실제로 내가 만난 분 중에는 사업 구상을 위해 관련 수업을 섭렵 중인 경우도 있었다.

"실전 창업 계획, PPT를 이용한 사업기획서 쓰기, 아이템 선정 전략 같이 사업기획의 역량을 키워주는 수업은 다 들었고 요즘은 여성 특화 창업에 관한 수업을 찾아보고 있어요."

무슨 일을 하든 공부부터 해야 하는 타입들이 있다. 그 또한 각자의 성향 차이라고 생각하지만 자칫 일반론에 매몰될 함정도 존재한다. 즉, 나의 고유한 사고를 발전시켜 나가기에 앞서 각종 이론과 전략으로 점철된 프레임에 갇혀 버릴 수 있다는 이야기다.

어디까지나 내 생각이지만, 공부를 하더라도 내 사업에 대한 나만의 그림을 어느 정도 스케치한 후에 하는 것이 어떨까 한다. 그렇게 하면 거친 크로키에 가까웠던 그림의 선과 형체가 점차 뚜렷해지며 보완 및 개선되지 않을까.

기획력은 어려운 이야기가 아니다

혹자는 사업 기획이 만만치 않다고 이야기할 것이다. 동의하지 않는 게 아니다. 단지 상황이 좀 다르다고 말하고 싶다. 나와 비슷한 목적을 가지고 새롭게 일을 시작하려는 엄마들, 그러니까 우리가 하려는 사업은 복잡한 기술 기업이나 규모가 큰 기업형 매장 등이 아니다. 간혹 그런 사업을 구상하는 분도 있겠지만, 대부분은 그렇다.

내 경우를 예로 들자면 사업의 규모는 1~2인 운영으로, 유용할 수 있는 자본금은 매장 임대차 계약과 인테리어, 초도 비용 등을 다 합쳐 8천만 원이었다. 요즘 내게 의논을 청해 오는 분들도 하나 같이 부부 창업이나 1인 창업, 자본금 1억 원 미만의 규모를 고민하신다. 내 형편이 또래 표준 혹은 평균인가 싶기도 할 정도로 비슷하다.

이런 규모의 사업에서는 사장이 할 줄 아는 일 혹은 잘할 수 있는 일을 해야 한다. 그럼 결국 예전에 하던 직업이 답이 아니겠냐고? 그렇지 않다. 자신이 가진 내적·외적 자원들과 생각하고 있는 사업 아이템 후보들을 매칭해보는 과정이 필요하다. 그러면 아직 해보지 않았지만 잘할 수 있는 일이 몇 가지 정도로 압축될 것이다.

나의 의욕을 불러일으키는 것은 무엇인가

평상시에 내가 자주 접하는 콘텐츠들부터 살펴보자. 인터넷에서 주로 무엇을 서칭하는지, 어떤 것에 관한 한 거의 박사급으로 불리거나 혹은 잘 설명할 수 있는지, 자신 있게 요즘 트렌드에 관해 읊을 수 있는 분야는 무엇인지 등등을 생각해보자.

내 경우는 육아와 신혼집 인테리어가 그것이었다. 그 주제들에 관한 한 몇 시간씩 콘텐츠들을 읽고 분석해도 지루하지 않았다. 오히려 삶에 활력이 되었고 '나라면 어떻게 했을까?', '이걸 약간 변형하면 이렇게도 할 수 있지 않을까?'라는 생각이 꼬리에 꼬리를 물었다. 외관만으로는 과일 가게인 줄 모르겠다고들 하는 우리 매장의 인테리어 또한 그 같은 관심에서 비롯되었다.

"처음에 이 앞을 지날 땐 새로 생긴 카페인 줄 알았어요."

오픈하고서 가장 많이 들은 말 중에 하나일 것이다.

화이트톤으로 통일되어 있는 매장 안팎, 심플한 블랙 폰트와 검은 선으로만 구성된 로고가 어우러진 간판, 그리고 마찬가지로 심플한 실내 디자인과 깔끔한 나무 트레이에 소담하게 담긴 진열품들은 화월청과 매장만의 콘셉트이다.

한편, 친정엄마의 영향으로 과일은 내게 너무나 익숙하고 잘 아는 상품이었다. 엄마가 가져다주실 때마다 듣고, 때로는 시장에서 귀동냥한 덕분인지 나중에 실감한 사실이지만 나는 이미 과일에 관한 한 꽤나 많은 지식을 알고 있었다. 본격적으로 과일 장사를 준비하면서부터는 더 열심히 공부했다. 엄마를 따라 새벽 시장도 나가고 엄마 가게에서 장사를 같이 하기도 하며 배우다 보니, 언제인가부터 과일에 관해 설명하는 데 신이 난 내 모습을 발견하게 되었다. 고객이 찾는 과일에 대해 요즘 말로 TMI너무 많은 정보를 방출하고 있었던 것이다.

다른 과일 장사들은 무조건 맛있다고 말한다는데, 나는 맛있으면 왜 맛있고 맛이 덜한 건 왜 그런지 정확한 정보를 알려주는 것이 좋았다. 이런 부분은 지금도 동일하다. 내가 파는 상품의 상태, 과일과 관련된 정보를 최대한 솔직하게 전달하는 데서 약간의 희열마저 느낀다. 때때로 물건을 사러 온 손님을 돌려보내는 일이 있더라도 말이다. 파트 4에서도 이야기하겠지만 때로는 안 파는 것이 나을 때도 있다.

●———●

내가 가장 많이 접하는 상품과 플랫폼에 답이 있다

이렇듯 나는 예쁘고 깔끔한 인테리어, 맛있는 과일, 그 맛있는 과일에 관한 정보를 전달하는 등에 진심이었다. 사업 아이템을 기획함에 있어 그런 것들이 출발점이 되었다.

어떤 사람은 디저트에 진심일 수 있고, 어떤 사람은 반려견 건강식에 진심일 수 있다. 어떤 이는 그릇이나 인테리어 소품 등에 진심이어서 여행 때마다 모으거나 직접 만들어 자주 가는 커뮤니티에 올리기도 한다. 그것이 무엇이든 간에 진심으로 좋아하는 분야가 있다면 그와 관련하여 관심을 공유하는 사람들이 모이는 장소실제 공간이든 인터넷 공간이든를 잘 알고 있을 테고, 자주 방문할 것이다. 사업 구상에 빠지지 않는 것이 시장 조사다. 시장 조사 또한 멀고 어려운 이야기가 아니다. 매일 출석 도장을 찍는 카페나 커뮤니티, 자주 가는 매장이 사실 시장 조사에 가장 적합한 대상인 것이다.

한편 반드시 물질적인 상품을 기획해야 하는 것은 아니다. 놀이나 교육에 진심인 사람도, 영상 편집이나 글쓰기 등 자신이 가진 재능에 진심인 사람도 있을 것이다.

요즘은 각종 플랫폼이 발달하면서 평범한 주부도 불특정의 고객을 만날 다양한 경로가 생겼다. 쿠팡 같은 오픈마켓에서 상품을 판매할 수 있고, 네이버 스마트스토어를 이용해서 나만의 쇼핑몰을 간편하게 만들 수도 있다. 나의 노하우를 파는 강의 플랫폼, 특기를 거래하는 재능마켓들도 성업 중이다. 유튜브와 웹소설 플랫폼 등을 통해서는 콘텐츠를 판매할 수도 있다.

당신이 가장 많이 사용하는 플랫폼은 무엇인가? 시간 날 때마다 들어가서 머무르는 바로 그 플랫폼에 애타게 찾던 사업의 해법이 존재할지 모른다.

미래가 보이지 않는다면 인풋부터 바꿔보자

그런데 지금까지 이야기한 내용에 아무런 해당 사항이 없는 분들이 있다. 딱히 무엇도 진심으로 좋아하거나 흥미를 느끼지 못하는 경우이다. 자주 다니는 공간도 없고 틈날 때마다 인터넷을 서칭해서 찾아보는 주제도 없다고 한다. 내 생각에는 약간의 무기력에 빠진 상태가 아닐까 싶다. 변함없고 반복적인 일상에 지나치게 몰입해 있지는 않은지 돌아보시면 좋겠다.

딱히 흥미를 느끼는 주제나 대상이 없다는 것은, 일상 속 모든 것이 너무나 무자극의 순한 맛이라 딱히 입맛 당기는 지점이 없다는 것과 같다. 내게 자극을 주는 새로운 무언가를 찾아 나서야 한다. 다시 말해, 매일 접하는 것과는 다른 세상을 만나기 위해 약간의 노력이 필요하다.

요즘은 유튜브도 넷플릭스도, 알고리즘으로 사용자 맞춤형 콘텐츠들을 제시해준다. 내가 볼 법한 것들만 추천해주는데, 역으로 보면 항상 비슷한 내용이 입력인풋될 수밖에 없는 구조이다. 내가 진심인 분야가 있어서 그와 관련된 콘텐츠를 계속해서 자동으로 찾아

보여준다면 편리하고 고마운 기능이다. 그러나 나에게 자극이 되지 못하는 알고리즘 추천 영상의 나열이라면 별로 도움이 되지 못한다.

입력인풋이 바뀌어야 출력아웃풋도 바뀔 수 있다. 자신이 아직은 잘 모르는 분야, 다양한 세상과 트렌드들에 관해 조금 더 호기심을 가져보는 것이 어떨까?

세상에 계속 관심을 가져야 하는 이유는 또 있다.

장사를 하겠다고 나선 나와 달리, 많은 분이 사업 아닌 투자를 선택한다. 장사와 사업은 나를 둘러싼 상권 그리고 내가 좋아하고 잘할 수 있는 분야, 즉 가까운 반경에 관한 관심을 요구한다. 반면 투자는 국가의 정책과 경제의 흐름, 나아가 세계 경제의 이슈와 흐름 같은 매우 넓은 반경에까지 관심을 요한다. 내가 투자에 엄두를 못 내는 이유도 이것이다.

그런데 장사와 투자에는 한 가지 공통점도 있다. 바로 요구되는 관심의 반경이 다를 뿐 세상에 무슨 일이 일어나고 어떤 트렌드가 발생하고 있는지 계속해서 촉각을 곤두세워야 한다는 것이다.

CHAPTER 7

목표를 작게 잡아야
도전이 쉬워진다

주부가 사업을 한다고 하면, 주야장천 듣게 되는 고정 레퍼토리가 있다.

"그거 해서 얼마나 벌려고 그래?"

힘이 쫙 빠지긴 해도 한번 새겨볼 만한 말이다.

사업을 구상할 때는 누구나 대박을 꿈꾼다. 「서민 갑부」에 등장하는 사장님들에 빙의하여, 마감 시간마다 돈 세느라 정신없을 미래 내 모습을 그린다. 이런 기대를 와장창 깨 주는 것은 주위 사람들의 냉담하고도 현실적인 반응이다.

나 역시 다음과 같은 조언을 들은 바 있다.

"세상이 그렇게 만만하지 않아. 열두 시간, 심하게는 열네 시간 일하며 혼신의 힘을 갈아 넣어도 사장 월급 200만 원 가져가기가 어려운 세상이야. 하물며 하루 다섯 시간을 일하겠다고?"

● —— ●

출발하는 발걸음을 가볍게 만들려면

때로는 냉소적이기까지 한 주변 말들에 흔들리지 않을 수 있었던 건, 벌이에 대한 내 목표가 워낙 소박했기 때문이다. 계산은 이랬다. 내가 복직하면 한 달 월급이 400만 원. 복직을 하면 당연히 시터 분의 도움을 받아야 할 테니 그 비용이 200만 원 이상, 그리고 회사에 다니면서 쓰게 되는 이런저런 부대 비용들을 합치면 월급에서 남는 금액은 100~150만 원.

나의 하루를 내 최우선순위육아에 맞춰 운용하면서, 내가 좋아하는 일을 할 수 있으니 월 100만 원 이상만 가져가도 만족할 만하다. 복직해서 내 수중에 들어오는 돈이나 사업해서 버는 돈이나 똑같다면, 기왕이면 하루 5시간 일하는 쪽이 낫지 않은가?

이처럼 현실적으로 내가 만족할 수 있는 최소한의 마지노선을 정해놓으니, 운신의 폭이 넓어지고 마음이 가벼워졌다.

기대도 때로는 스트레스 요인이 된다. 내가 만약 사람들에게 "난 사업을 해서 돈을 크게 벌고 부자가 될 거야."라고 공언하고 다녔다면, 그 중압감은 또 다른 형태의 두려움이 되어 내 발목을 잡았을지 모른다.

목표를 작게 잡았기에 스트레스받지 않고 가벼운 마음으로 도전할 수 있었으며, 또 다른 사람들의 반응에 신경 쓰지 않을 수 있었고, 진심으로 걱정하는 사람들을 안심시킬 수 있었다.

도전의 결과, 어떤 일을 얼마나 이루게 될지는 그 누구도 예측할 수 없다. 아무리 긍정적인 상상이라 해도 아직 벌어지지 않은 일들에 대한 몽상은 새로운 출발에 짐이 될 수 있다.

●────●

실패에 대한 두려움을 줄이는 법

리스크의 사이즈를 줄이면 실패에 대한 불안을 가라앉히고, 두려움이 날뛰지 않도록 제어할 수 있다. 앞서 사업을 구상한다고 하면

"그거 해서 얼마나 벌려고 그래?"를 자주 듣게 되리라고 했다. 그런데 그보다 더 심하게, 그야말로 지겹게 듣게 되는 또 다른 레퍼토리가 있다.

"망하면 어떡하려고 그래?"

새로운 일을 해보겠다고 열심히 준비하고 있는데 이런 말을 들으면 우선은 기운이 빠지고 기분이 좋지 않다. 그런데 슬금슬금 내 마음속에서도 같은 의문이 피어오르는 것이다.

'정말로 망하면 어떡하지?'

얼마가 되었든 모든 사업은 자본금을 필요로 한다. 그것이 여유자금이든 아니면 나처럼 영혼까지 끌어모아 만든 돈이든 간에, 어쨌거나 투자금이 들어간다는 건 부담스러운 일이다. 어떤 금융상품에 가입하든 항상 등장하는 문구가 있으니 '투자에는 원금손실의 위험이 있으며, 투자의 책임은 투자자 본인에게 귀속됩니다.'라는 것이다. 이것은 사업에도 똑같이 적용된다.

소중한 목돈을 잃을 수도 있다는 데 생각이 미치면, 걱정은 걱정을 낳고 자꾸 망한 이야기들만 눈에 들어온다. 처음에는 반면교사 삼아 교훈을 얻을 겸 보기 시작한 실패담들이 점점 더 나의 미래처럼 느껴지며 불안이 커진다.

방치하면 걱정과 불안, 두려움 같은 부정적인 예감들은 곧 마음의 과반 이상을 차지한다. 이어지는 수순은 아주 자연스럽다. 도전의지, 애초 새로운 일을 하려 했던 이유, 목표의식 등등의 것들은 슬그머니 힘을 잃고 기색마저 희미해진다. 현실은 여전히 불만족스럽고, 미래를 위해 변화가 필요하다는 생각은 하면서도 두려움에 짓눌려서 그대로 주저앉고 만다.

'망하면 어떡하지?'라는 생각이 머릿속에서 처음 고개를 드는 순간, 잘 대응하는 것이 중요하다. '망하면 어떡하지?'라는 생각이 들면 '망해도 괜찮아. 힘들기는 하겠지만, 내 인생 혹은 우리 가정에 엄청난 데미지까지는 아니야.'라는 생각으로 받아쳐야 한다.

그러려면 실패의 사이즈가 내가 감당할 수 있는 정도여야 하겠다. 아니면 나 자신을 속이는 말밖에 되지 않기에 결국엔 또다시 '망하면 어떡하지?'가 고개를 내밀 것이다.

사업을 구상하는 단계에서부터 나와 내 가족이 감당 가능한 실패 정도를 고려하여 사업에 투여할 초기 자원을 결정하고 분배해야 한다. 나의 경우를 예로 들어보겠다.

첫째, 시간 자원. 아이가 어린이집이나 유치원에 등원한 시간 동안에만 매장에서 일하고 그 외 시간은 아이들이 잠들 때까지 육아에 집중할 예정이었다. 그러니 나 자신은 바쁘고 힘들지언정, 훗날 사업을 하느라 아이들에게 시간을 쏟지 못한 걸 후회할 일은 없을 것이다.

둘째, 자본금. 어디 손 벌릴 곳 없는 상황에서 자본금을 조달하려면 마이너스 통장을 사용해야 했다. 월세도 내지 못해 매장 보증금마저 까먹는 상황만 만들지 않는다면, 이 돈 중 그래도 보증금은 건질 수 있을 것이다. 그렇지 않고 쫄딱 망하더라도 다시 복직하고 허리띠 졸라매어 살면 5년이면 갚을 수 있는 금액이란 계산이 섰다.

결론은, 설령 실패한다 해도 죽고 살 정도의 문제는 없으리란 것이었다. 몇 년간 사정이 조금 어려워질 수는 있겠지만, 사업을 하든 투자를 하든 이 정도 리스크는 인정해야 하지 않을까.

실패에 대한 두려움을 줄이는 방법으로 여러분에게도 추천한다. 나와 같은 프로세스로 리스크의 객관적인 크기(머릿속에서 과장된 크기가 아니라)를 추정하고, 만약 그래도 두려움이 크게 느껴진다면 투여되는 자원과 자본금을 감당 가능한 수준으로 조정해보면 좋겠다.

마음이 무거우면 몸도 움직이지 않는다

이 책을 읽고 있는 대부분의 독자가 아마도 나와 비슷한 형편이 아닐까 짐작해본다. 자본금으로 밀고 들어가는 큰 규모의 사업을 벌일 생각도, 여력도 없을 것이다. 이런 우리에게 필요한 것은 날쌔게 움직일 수 있는 작고 가벼운 몸집이다. 넘어져도 쉽게 일어날 수 있어야 하고, 고객에게 편하게 다가가서 응대할 수 있어야 하며, 세상의 흐름에 유연하게 올라탈 수 있어야 한다.

진출하는 분야마다 차이는 있겠지만 대부분의 경우 이미 레드오션 상태일 것이다. 레드오션은 경쟁이 치열한 만큼 시장 크기가 있고 수요가 확실하다는 장점이 있다. 그 안에서 나를 드러내고, 작은 포션이나마 내 영역을 확보하기 위해서는 무엇보다도 트렌드에 민감해야 한다.

단단한 영역을 구축하고 있는 기존 업체들은 유연성이 부족하기 쉽다. 변화에 대한 대응 속도가 다소 느릴 수밖에 없는데, 오늘날 고객의 취향 변화는 매우 빠르게 일어난다. 따라서 기존 업체가 제공하는 서비스와, 시장 선도적인 고객들이 주도하는 트렌드 사이에 일정 기간 갭이 발생하게 된다. 바로 이 순간을 놓치지 않고 잡을 때,

좋은 타이밍에 시장에 진입하여 성과를 낼 수 있다. 그리고 그 성과를 통해 시장에 안착할 기회를 얻을 수 있다.

두려움도 기대도 모두 마음에 중압감으로 작용할 수 있다. 벌어지지 않은 가능성들을 생각하다 보면, 그 자체로 스트레스가 된다. 스트레스가 많으면 좀처럼 빠르게 움직이기가 쉽지 않다.

일단 실행하는 것이 중요하다. 그래야 실제 결과를 볼 수 있는 것이다. 나 또한 만약 이런저런 생각들에 사로잡혀 빠르게 도전에 나서지 못했다면, 사업의 적기를 놓치고 지금 같은 결과는 얻지 못했을 것이다. 어떤 도전이든 감당할 수 있는 정도라면 실패해도 괜찮고, 작은 성공이라도 거둔다면 충분히 가치가 있다.

CHAPTER 8

불안을 다스려야
이성이 눈을 뜬다

"살면서 마음먹은 일이 잘 안 된 적은 없어요."라고 자신 있게 말할 수 있는 사람이 얼마나 될까? 이 질문을 읽은 순간, 독자 여러분 중 상당수가 '별로 없지.'라거나 '많이 보진 못한 것 같은데.'라고 생각했을 것이다. 그런데, 그런 사람이 바로 나다.

앞에서부터 글을 쭉 읽어온 분은 의아함을 느낄지도 모르겠다. '어린 시절부터 불운했다더니?' 모순적으로 느낄 수도 있다. 어린 시절은 물론이고 고등학교와 대학교를 지나 지금에 이르기까지 모든 일이 내 맘처럼 풀렸을 리는 만무하다. 내 생각과 다른 상황에 속상하기도 하고, 어긋나는 인간관계에 눈물 난 적이 왜 없겠는가. 하지만 나는 의식적으로라도 "살면서 마음먹은 일이 잘 안 된 적은 없어요."라고 말하며, 실제 내 마음 깊은 곳에서부터 저 말이 진실이라고 믿는다.

그리고 돌이켜보건대 정말로 내가 최선의 노력을 기울여서 성과를 얻지 못한 적은 없었다. 적어도 온 마음을 다해 간절히 바라며 열성을 다 바쳤던 일들에서만큼은, 노력에 배신당한 적이 없다. 자잘한 실패나 좌절의 경험이 있긴 하지만 딱히 기억에 남을 만한 일은 아니어서, 굳이 찾아보지 않는 이상 딱 떠오르는 것이 없을 정도다.

'살면서 마음먹은 대로 안 된 일은 없다.'

이 말은 나를 보호하는 일종의 자기 암시이기도 하다. 나 자신에 대한 믿음을 되새겨주는 이 말은, 부정적인 생각의 구덩이에 빠지지 않도록 나를 단단히 잡아주는 기능을 한다.

●　———　●

부정적 생각의 고리를 경계해야 하는 이유

어떤 사람들은 작은 실패와 좌절의 경험을 성공의 경험보다 훨씬 더 크게 기억하고, 마음에 각인하곤 한다. 부정적인 경험잘 안 됐던 경험은 부정적 생각'난 역시 안 돼'을, 부정적인 생각은 부정적인 감정불안, 공포, 초조, 우울 등을 만들어낸다. 부정적인 감정들은 일반적으로 긍정적인 감정들보다 훨씬 더 힘이 세다. 이 같은 연쇄작용의 결과, 부정적인 감정이 점점 더 힘을 얻어 마음과 뇌를 지배하기 시작하면 이성적인 사고가 불가능해진다.

앞서 부정적인 생각의 구덩이라고 표현한 것은 이 때문이다. 한번 말려들어가기 시작하면 끝을 모르고 떨어지기 쉽다. 심해지면 '나는 결국 안 될 거야'라는 부정적인 예측을 넘어서, 자기 자신에 대한 근본적인 불신에 이르게 된다고 한다. 이와 관련하여 아주 예전에 읽은 책인데 너무 인상 깊어서 지금도 기억나는 이야기가 있다. 하도 오래전에 읽은 책이라 출처를 찾을 수 없어 대강의 내용 요약으로 갈음한다.

한 남자가 있었다. 한두 번의 좌절 경험이 그에게 입힌 정신적인 데미지가 너무 커서, 그는 실수와 실패에 관한 강박적인 두려움을 느꼈다. 매 순간 실수할까 봐 불안했고, 작은 일이라도 잘못될 경우 벌어질 수 있는 치명적 결과를 비약해서 상상하곤 했다. 그러던 어느 날 아이들을 뒷좌석에 태우고 운전하던 그는, 불현듯 자신이 순간적으로 정신이 나가 핸들을 잘못 꺾으면 어떡하지란 생각에 사로

잡혔다. '내가 아이들을 죽게 만들지도 몰라.' 머리로는 그런 상상이 망상에 불과하다는 걸 알고 있으면서도, 이후 차를 운전할 때마다 미친듯한 불안감에 휩싸이게 되었다.

이야기 속 남자는 이성을 잃어버린 것이 아니었다. 그는 자신의 불안이 근거가 없는 망상이란 사실을 알고 있다. 그런데도 제어하지 못하는 건 불안의 영향력이 너무나 커졌기 때문이다.

막연한 불안과 걱정에 근거가 없음을 알면서도 휘둘리게 되는 이유는 무엇일까? 인식하되 실감하지 못하기 때문이다. 부정적인 감정이 이성적인 판단보다 훨씬 더 압도적으로 느껴져서다.

실제로 부정적인 생각, 그리고 그에 이어 발생하는 감정들은 신체적인 반응을 동반한다. 가슴이 두근거리고 땀이 나며 호흡이 가빠진다. 근육에 힘이 들어가고 배가 아프기도 한다. 일명 '투쟁 도피 반응스트레스 환경과 공격 또는 생존 위협에 노출되었을 때 일어나는 신경계 반응'이라고 불리는 신체적 현상들이 불안, 공포, 두려움과 하나의 세트처럼 발생하는 것이다. 이처럼 순식간에 증상으로 발현될 정도니 부정적 감정들의 영향력이 어느 정도인지 짐작할 수 있다.

문제보다 방법에 집중하는 이성이 필요하다

아이템을 선정하고, 구체적인 비즈니스 모델을 구상하다 보면 여러 가지 문제 제기반론에 부딪히게 된다. 그 반론은 남이 제기하는 것일 수도, 나 자신이 스스로에게 제기하는 것일 수도 있다. 예를 들면 이런 식이다.

원하는 모델 : 하루 5시간 아이들 등원 시간에만 일하며 최소한 월

100~150만 원 이상 버는 구조

문제 제기 : 사실상 오후 영업을 포기하고 오전 장사만으로 원하는

수익을 내는 것이 가능한가?

이런 문제 제기는 나쁜 것이 아니다. 문제를 발견하고 그것을 해결해나가는 그 자체가 비즈니스 모델을 만드는 과정이기 때문이다. 허점을 보완하고, 버리거나 반대로 강화해야 할 지점들을 두드러지게 한다. 거친 크로키에 가깝던 사업 아이디어가 점차 또렷한 선으로 정돈되고, 그 위에 적절한 색채를 덧입는다. '머릿속 구상'에서 '실제 사업'으로 진화하는 것이다.

그런데 만약 인지한 문제와 관련하여 불안과 걱정에 휩싸인다면 어떻게 되겠는가? 빨리 벗어날 수 있으면 다행이지만 반대로 부정적 감정의 크기가 커져서 자꾸 나쁜 방향으로만 생각이 치닫는다면? 문제를 해결할 방법에 집중해야 하는데 문제 자체에만 몰두한 나머지 이성적인 사고를 할 수 없게 된다. 솔루션을 찾아야 할 시간에 '그러한 문제들로 인해 발생할지도 모르는 나쁜 결과'를 생각하느라 에너지와 시간을 낭비하고 만다.

내일은 누구도 알 수 없다. 특히 새로운 사업에 도전하는 경우라면 더욱 그렇다. 돈이 들어가고 인간관계가 동원되고 상당한 시간과 노력이 들어가는데, 정작 사업의 미래는 장담 불가능한 영역에 있다. 그 사실이 때로는 우리를 미치듯 불안하게 만들 수 있다는 것을 인정한다.

바로 그런 이유로 부정적 사고의 연쇄 작용을 경계해야 한다는 것이다. 이럴 때 이성을 잡고 있지 않으면 삐끗하여 자기 파괴적인 구렁텅이에 빠져버리기 쉽다. 닥친 문제를 하나하나 풀어나감으로써 성공 가능성을 높여야 하는 상황에서, 이성적 사고가 아닌 불안이나 초조 같은 감정의 지배를 받게 되는 것이다.

문제 자체에만 집중하다 보면 그 문제가 유발할 수 있는 또 다른 문제 상황에 관한 시나리오들만 자꾸 늘어난다. 위기에 대응하기 위한 현실적인 시나리오는 당연히 필요하지만, 사업 구상 단계에서 머릿속으로 그리는 천태만상 시나리오들은 대개 사고의 비약에 가깝다. 0.1퍼센트의 가능성을 가지고 그로 인해 일어날 내 삶의 재앙을 상상하는 식이다.

예를 들어, 천장이 무너질 확률은 거의 없지만 그렇다고 확률이 아주 제로인 것은 아니다. 건물이 갑자기 무너지거나 천장 자재가 갑자기 떨어지는 영상을 본 적이 있지 않은가? 갑자기 두려워지며 천장만 생각해도 강박적인 불안이 느껴지기 시작한다. 그렇다고 해서 콘크리트 집이 아닌 움막에 가서 살 것인가?

문제보다는 방법에 집중해야 한다. 불안감이 엄습하면 그 불안이 어디서 비롯된 것인지 확인해야 한다. 불안의 근거를 점검하고, 불안을 야기한 문제들을 제거하면 불안은 잠재워진다. 부정적인 생각 또한 마찬가지다.

현실은 상상보다 무섭지 않다

나 역시 장사는 처음이라, 불안이 없었다면 거짓말이다. 게다가 아이들을 생각하면 리스크에 대한 공포감이 크게 느껴지기도 했다. 내가 원하는 사업 모델과 그에 관한 문제들을 쭉 적어놓고 보니 '되지도 않을 일에 괜히 돈과 에너지만 쓰는 거 아닌가'라는 생각에 머리가 지끈거렸다. 그러다 갑자기 이런 생각이 드는 것이었다. '어차피 나는 장사도 사업도 모르는데, 이렇게 집에 앉아 애들을 앞에 두고 온갖 시나리오를 써봤자 뭐하나?'

내가 생각한 것과 현실은 많이 다를 수 있다. 심각하게 생각한 문제가 의외로 쉽게 풀릴 수도 있고, 반대로 나는 해법이라고 생각한 것이 사실은 실현 불가능한 망상이었을 수도 있다. 어느 쪽이든 직접 나가서 알아보고 판단해야겠다 싶었다.

'예산이 이것밖에 안 되는데 내가 생각한 상권에서 얻을 수 있는 가게가 있을까?' 혼자 끙끙거릴 일이 아니라 나가서 부동산을 찾아다녀야 한다. 그래야 답이 나올 것이다.

'내가 과연 시장에서 물건을 매입할 수 있을까?' 시장에 나가서 도

104

매상들에게 물어보면 된다.

'하루 5시간만 하는 장사도 가능할까?' 비록 업계는 다를지언정 그렇게 장사하는 분들, 사업하는 사람들의 사례는 없는지 실제로 찾아보고 그들의 사례에서 영감을 얻을 수 있다. 가능성이 있고 없고는 내 상상력이 아니라 현실 사례들을 통해 판단할 일이다.

그래서 나의 선택은? 큰아이는 어린이집에 보내고, 둘째는 아기 띠로 안고 나가 부동산도, 시장도, 인테리어 업체들도 실제로 다녀 보았다. 발로 뛰어 현실을 보면서 '해도 되겠다, 할 수 있겠다'라는 자 신감을 얻었다. 그때부터 실제적으로 여러 가지 일들이 풀리기 시작 한 것 같다.

●———●

성공 시스템이 돌아가기 시작하는 법칙

"당연하게 되는 일이 아니라면 그리 되도록 툴의 힘을 빌려서 가 능케 하는 시스템을 만들면 될 일이다."

무인양품을 세계적 브랜드로 만든 마쓰이 타다미쓰 회장의 말이다. 지금은 모르는 사람이 없는 브랜드이지만 실은 38억 엔의 적자를 내며 창업 18년 만에 위기에 처한 상황이었다고 한다. 그런 무인양품을 흑자로 바꾸며 회생시킨 마쓰이 회장이 가장 중요하게 여긴 것은 구조시스템였다. 그리고 시스템을 돌릴 때 반드시 동반되는 것으로 실행력을 강조한다. 그는 저서 『무인양품은 90%가 구조다』모멘텀, 2014에서 '사람을 바꾸지 말고 구조를 만들라'며 '이류 전략이라도 일류 실행이라면 오케이'라고 했다.

세상에 당연하게 되는 일은 없다. 하루 5시간이라는 짧은 시간만을 사용해서 사업을 꾸리려면, 그것을 가능하게 하는 비즈니스 모델이와 관련한 자세한 이야기는 파트 3에서 설명하겠다을 만들어야 한다. 상상 속의 사업이 아니라 실제로 효과를 볼 수 있는 사업 모델이 필요한데, 잘 알다시피 단번에 만들 수 있는 것이 아니다. 머리로 구상했다면 그다음은 현실에서 부딪혀야 한다. 관련 종사자들에게 물어보고, 현장에서 확인하고 점검해야 한다는 것이다.

발로 뛰어 실행하지 않으면 시스템은 돌아가지 않는다. 일단 움직여야 내가 원하는 사업을 현실화하고, 문제점은 보완하고 개선하기도 하며 시스템을 가동시킬 수 있다.

CHAPTER 9

기회는 나의 상황을
봐주지 않는다

과일 장사를 하겠다니 친정엄마가 울며 불며 전화하시고, 그야말로 난리가 났다. 과일 장사하면 시장부터 떠올리는 엄마 입장에서는 대기업에 다니던 딸의 결심이 날벼락처럼 느껴졌던 것이다.

"내가 너한테 해준 게 없어 뭐라 말은 못 하지만, 대체 은행을 왜 그만둔다는 거야. 어렵게 정규직이 돼서 인정받는 직장 관두고, 대체 왜 이 허드레 일을 한다는 거야."

엄마가 생각하는 과일 장사가 아니라고 아무리 말해도 소용없었다. 반대가 극심해서 두 달 정도는 마음을 접은 듯이 조용히 지냈다. 엄마 마음도 누그러들고, 주변 사람들이 내 집념을 인정해줄 즈음

되면 다시 시도해볼까 하는 생각도 들었다. 엄마뿐 아니라 친구와 친척들의 때로는 노골적이고, 때로는 은근한 반대에 부딪히고 있었기 때문이다.

아이가 어려서 아직은 사업을 벌일 시기가 아니라는 조언도 정말 많이 들었다. 둘째를 낳은 지 얼마 지나지 않았을 때라 틀린 말은 아니었다. 한 빌 몰리서서 잠시 숨을 고르기로 했는데, 아뿔싸! 방심하는 사이 내가 생각한 콘셉트와 교집합이 보이는 매장들이 하나둘 생겨나는 것이 아닌가. 지금도 그렇지만, 틈틈이 인스타그램에 들어가서 프리미엄 과일, 과일 선물과 관련된 서칭을 하는 것이 일과 중 하나였는데 내 구상과 유사점이 많은 매장 홍보가 부쩍 눈에 띄었다. 아직 때가 아닌가 싶어 고민하던 불과 몇 달 사이에 말이다. 심상치가 않았다.

나만 알면 트렌드라고 할 수 없다. 준비할 거 다 준비하고, 설득할 사람 다 설득해서 내게 좋은 시기를 기다렸다가는 후발주자가 될 상황! 판단이 서자 더 망설일 수 없었다.

과일 래핑 클래스를 비롯하여 관련된 수업을 들으려면 하루 8시간은 내야 했다.

"첫째는 이제 좀 컸으니 어디라도 맡길 수 있다 쳐. 둘째는 어떡할 거야?"

"어쩌기는요, 아기 띠 매고 가서 배워야죠."

엄마의 걱정에 호기롭게 대응했지만, 현실은 녹록지만은 않았다. 아이를 업고 수업을 듣고, 인테리어 상담을 가고, 방산시장을 다녔다. 차에서 모유 수유를 할 때는 나도, 애도 이게 무슨 고생인가 싶었지만 마음을 다잡았다. '이게 다 우리 가족 잘되자고 하는 일이니, 우리 같이 좀 참자~.'

직관을 믿자

내가 생각하는 사업에 관해서 나 자신만큼 잘 아는 사람은 없다. 아무리 사업기획서를 잘 작성한다 해도 총체적인 비전이나 안목을 종이 위에 다 담을 수는 없는 것이다. 또한 어떤 종류의 사업에 관심을 가지고 사업까지 계획했다면, 아마 주변 어떤 사람보다도 그 분야의 흐름에 관해 잘 파악하고 있으리라 생각한다.

그렇기 때문에 본인이 느끼기에 '지금이 아니면 안 된다'라는 직감이 들면 그 직감을 믿어야 한다. 단순한 기분이 아니라, 산업이나 분야의 동향을 관찰하는 과정에서 생긴 나름의 통찰에서 비롯된 감각일 것이기 때문이다.

대박이다 싶은 아이템을 찾았는가? 좋은 아이템을 발견하고 의견을 구했는데 주변 사람들 또한 "괜찮네, 잘 팔릴 것 같아."라고 반응해주면 복권을 손에 쥔 기분이 된다.

그런데 아무리 운이 있다 해도 긁어야지 당첨이 된다. 타임머신을 타고 미래로 가서 이번 주 로또 번호를 알아왔다고 치자. 이번 주에 로또를 사지 않으면 무슨 소용인가. 트렌드를 아무리 잘 읽어도 적기에 활용하지 못하면 아예 모르니만 못하다. 나중에 가서 "그때 그 사업을 했으면 대박이었는데."라는 하나 마나 한 이야기만 하게 된다.

지금이다 싶으면 일단 움직여야 한다. 자본이 없거나 시간이 부족한 등의 여러 가지 제약이 있을 수 있다. 그래도 움직여야 한다. 정말 좋은 아이템이라면 어떤 방식으로든, 일부분이든 전부이든 문제를 풀어나갈 방법을 찾을 수 있을 것이다. 설령 시도하다 실패하더라도 아예 안 해본 것보다는 낫다. 그 또한 경험이 될 테고 적어도 후회는 없을 테니 말이다.

●　——　●

준비가 완벽할 때 오는 기회란 없다

내 예감은 적중했다. 지금도 여전히 유사한 콘셉트를 가진 프리미엄 과일 가게들이 생겨나는 와중에, 비교적 선발주자로서 선점효과를 누리고 있기 때문이다. 매장이 입소문을 타며 자연스럽게 화월청과라는 브랜드도 알려졌다. 아직 완전히 자리를 잡았다고 말하기엔 부족하지만, '합리적인 가격으로 백화점 수준의 질 좋은 상품을 제공하는 과일 가게' 하면 동탄에서는 '화월청과'가 제일 상단에 검색될 정도로 인지도를 쌓았다. 후발주자가 되었다면 이 같은 성원을 받기는 어려웠을 것이다.

이런 경험을 통해 사업에는 기획도 중요하지만, 그 못지않게 타이밍도 중요하다는 걸 실감했다. 둘째를 유모차에 태우고 출근하더라도 시기를 놓치지 않고 장사를 시작한 덕분에 빠른 기간 내에 높은 성장을 달성할 수 있었다고 생각한다.

애들 둘을 어느 정도 키우고 지금 콘셉트의 매장을 열었다면 어떻게 되었을까? 이 같은 트렌드가 그때까지 지속될지 모를 일이다. 화월청과의 핵심 고객층인 30대 여성의 취향 또한 어떻게 바뀌었을지 알 수 없다. 어쩌면 한물 간 트렌드로 고전할지도.

'세상 일에는 다 때가 있다.' 이 말은 대체로 좋은 기회가 올 타이밍이 따로 있으니 때를 기다리라는 뜻으로 쓰이곤 한다. 그런데 나는 이 말을 좀 더 능동적으로 해석하고 싶다.

세상 일은 정말로 때타이밍가 있다. 그 타이밍은 내 사정을 봐가며 찾아오지 않는다. 아니, 사실 세상은 내 삶의 속도와 무관하게 움직인다. 트렌드란 거대한 흐름이며 우리는 그 트렌드를 바라보는 수많은 장삼이사 중 한 명에 불과하다. 적기를 잡아야 하는 주체는 나 자신인 것이다. 세상이 내게 기회를 주기를 기다릴 것이 아니라, 지나가는 기회에 내가 먼저 재빠르게 올라타야 한다.

그러기 위해 항상 준비를 하고 있어야 한다, 준비된 자에게만 기회가 온다고들 하지만 누구나 알고 있듯 100퍼센트는 없다. 완벽한 준비가 되지 않았더라도 일단 움직여야 한다. 세상이 주는 기회를 언제 또 발견할 수 있을지 장담할 수 없기 때문이다. 일단 눈에 보이는 기회는 잡아보려 노력해야 할 것이다.

● —— ●

원하는 결과에만 집중하자

지금까지 계속 이야기했듯, 내게는 확실한 목표가 있었다. 현실 상황을 재느라 망설였다면 무모할 정도의 열정으로 뛰어들 수 없었을 것이다. 일단 부딪히고, 그다음에 방법을 찾아 해결해 나갔다. 그 결과 하나씩 하나씩 문제를 해결하고 방식을 보완하면서 사업을 진행시킬 수 있었다.

목적지가 저 앞에 있는데 뒤를 보며 걸을 수는 없다. 마찬가지로 앞날의 어떤 목표를 향해 가는데 자꾸 과거, 혹은 오늘의 사정에 얽매여서는 안 된다. 내가 원하는 결과에 도달하기 위하여 전진할 방법을 찾아야 한다.

살면서 당장의 일들을 처리해야 할 때도 많지만, 적어도 도전하는 시기라면 현재보다는 미래에 포커스를 맞춰야 한다고 생각한다. 그래야 닥친 일들에 급급하지 않을 수 있다.

어떤 목적지에 다다르기 위한 길을 찾으려면 일단 내 집 밖으로 나가야 한다는 것을 기억하자. 길은 문 밖에 있다.

나의 도전이
아이의 성장에 거름이 된다

1년 전만 해도 양육에 관한 내 목표는 단 하나, 아이에게 최상의 정서적 만족도를 주는 것이었다. 엄마가 항상 자신을 보살피며, 언제나 보호받고 있고 안전하다는 마음이 들게 해주는 것. 이를 위해 매일 매 순간을 아이의 필요와 요구에 부응하기 위하여 노력했다. 건강한 재료로 만든 정성 가득한 음식을 먹이고, 아이 살갗에 닿을 패브릭 하나 허투루 고르지 않았다. 책 읽고 놀아주며 대화하는 것 또한 마찬가지다. 아이의 IQ와 EQ 발달을 위하여 놀이 하나를 하더라도 육아책과 정보를 보면서 공부하고 연구했다.

이러한 노력은 지금도 계속하고 있다. 달라진 부분이 있다면, 당장의 아이 발달에만 신경 쓰던 초보 엄마 티를 벗고 아이에게 영향을 끼칠 나의 모습, 엄마의 가치관과 삶의 태도까지 신경 쓰게 되었다는 것이다.

그래서 요즘 내게는 한 가지 목표가 더 생겼다. 파트 1의 칼럼과 이어지는 맥락이기도 한데, 지면을 빌어 조금 더 자세히 이야기해보겠다.

지금은 부모의 전적인 보호와 양육 아래 있지만, 앞으로 점점 더 아이들의 삶에 있어 엄마 아빠의 영향력은 줄어들게 될 것이다. 친구와 부모의 영향력 크기가 전도되는 시기가 올 것이고, 스스로 결정 내려야 하는 일들의 양과 중요도도 점점 더 많아지고 커질 것이다. 내 아이들이 자기들 나름대로 인생 경험들을 쌓아가게 될 날이 머지않았다는 생각을 한다.

그 언젠가 아이가 도전을 앞두게 되었을 때 '존경하는 우리 엄마'의 모습에서 힘을 얻기를 바란다. 또한 실수하거나 실패하더라도 '의지할 수 있는 엄마'를 떠올리고, 나로부터 극복과 회복의 에너지를 받아갈 수 있기를 바란다. 머지않은 미래인 사춘기는 물론이고 청년이 되어서, 나아가 장년이 되어서도 말이다.

다시 말해 나는 내 아이들의 롤모델이 되어주고 싶다. 단지 성공해서 돈을 많이 벌겠다, 그래서 은수저 금수저를 물려주겠다에서 그치지 않는다. 부자 엄마도 바라는 바이지만, 거기서 더 나아가 아이들의 삶에 오래도록 좋은 영감을 주는 존재가 되고 싶다.

아이는 부모의 거울이라고들 한다. 그저 그런 흔한 수사가 아니다. 실제로 내가 하는 행동을 똑같이 따라 하는, 그러니까 거울 행동을 하는 아이의 모습을 보고 소름이 돋은 적이 있다. 사소한 행동이나 습관도 그러한데, 부모가 보여주는 삶의 태도는 얼마나 큰 영향을 미치겠는가.

나는 내 아이들이 안주하지 않고 항상 도전하며, 성장을 추구하기를 바란다. 더 나은 사람이 되고 더 큰 성취를 꿈꾸기를 누구보다도 바란다. 그러기 위해서 나 자신부터가 도전과 성장, 성취와 진보를 추구하려 노력하고 있다.

일상도, 사업도 모두 같은 맥락에서 아이들에게 타산지석이 될 수 있다는 마음으로 살아가려고 한다.

PART 3

진짜 중요한 일을
제대로 하면
하루 5시간으로
충분하다

이와 같은 시간표는 사회 공동 합의에 따른 것으로 볼 수 있는데,
이는 '양에 의한 결과 측정 방식'이라는 시대에 뒤떨어진 유물이다.
세상 모든 사람들이 자기 업무를 완수하는 데
어떻게 딱 8시간이 정확히 걸릴 수 있단 말인가? 그럴 수는 없다.
나인 투 파이브라는 것은 임의로 만들어졌을 뿐이다.

— 팀 페리스 Tim Ferriss, 『나는 4시간만 일한다』 중에서

CHAPTER 10

미취학 아들 둘 맘의
하루 5시간 사업 노하우

사업 초기, 둘째를 유모차에 태운 채 일하는 내 모습을 보고 많은 고객들이 관심을 보였다. 자녀의 연령차는 있지만 대부분 아이를 키우고 있는 엄마들이다 보니, 마음 쓰여하며 내 상황에 대해 물었었다. 그럴 때면 양가 부모님으로부터 도움을 받을 형편은 안 되고 또 내가 직접 케어하겠다는 나름의 양육 철학도 있어 이렇게 같이 근무(?)하는 것이라고 말씀드리고 가볍게 엄마들끼리의 대화도 나눴다. 그런데 따로 살림을 도와주시는 분도, 등하원 도움도 받지 않는다고 하면 이렇게들 물었다.

"어떻게 그 많은 일을 다하세요?

"생각보다 그렇게 바쁘지 않아요."라고 손사래를 치면 "사장님이 직접 운영하고 고객 상담도 하고, 종종 배달도 하시던데 거기에다 살림에 육아까지 하려면 얼마나 바쁘시겠어요. 어휴, 저라면 힘들어서 엄두도 안 날 것 같아요."라고들 하셨다. 나를 대견해하며 칭찬하는 뉘앙스라 대화는 항상 화기애애하곤 했다.

만약 내가 하루에 8시간, 10시간을 일하고 집으로 돌아가 육아와 살림도 해야 하는 상황이었다면 정말 바쁘고 일상에 지쳤을 것이다. 직접 육아도 하는 한편 지금과 같이 사업을 성장시킬 수 있는 핵심적인 이유는, 근무 시간이 불과 5시간밖에 되지 않기 때문이다.

너무 일이 많은 날은 아이들이 잠든 이후 시간에 각종 서류와 숫자 작업 등으로 한두 시간을 더 소요하기도 한다. 그렇지만 대체로는 하루 5시간 근무하고, 동업자인 내 동생과 바통 터치 후 퇴근한다. 동생과는 업무 분담이 확실하게 나뉘어 있어서 실제로 주문, 판매 및 고객 대응과 관련된 일은 모두 내 선에서 이루어진다 할 수 있다. 그리고 내가 근무하는 5시간 이내에 대개 당일 판매의 70~90% 정도가 발생된다.

그게 가능하겠냐고?

인테리어를 한다고 둘째를 둘러업고 인테리어 업체와 방산시장을 들락거릴 때, 아이들 등원 시간에만 장사하려 한다는 원대한 포부를 밝히자 상인 한 분이 이렇게 말씀하셨다.

"그 사업 대박이네! 아기가 아직 어리니, 엄마 입장에서는 월급만 벌어도 대박이야."

"정말 그렇죠?"

내가 다소 들떠서 답하자, 그분이 껄껄 웃으며 다시 이렇게 말씀하시는 것이었다.

"아기 엄마 생각대로 된다면야 대박이지!"

'그게 되겠어?'라는 뒷말이 생략되어 있었지만, 물정 모르는 아줌마의 무모한 생각이라는 뉘앙스가 분명하게 느껴졌다.

이 에피소드를 비롯해 나의 사업 구상에 대해서는 다들 비슷한 반응이었다. 장사라는 게 혼을 갈아 넣어도 성공하기 힘든데, 내가 원하는 시간에만 일하면서 그것도 오전 장사로 승부를 보겠다니! 때로는 내가 진짜 꿈같은 구상을 하고 있는 건가, 나 스스로 의심이 들 정도였다.

이제는 자신 있게 말할 수 있다.

"(다들 가능하겠냐고 했던) 그 일이 실제로 일어났습니다!"

앞서도 말했지만 처음의 목표는 짧게 일하고 한 달에 100~150만 원 가져가는 것이었다. 그런데 실제로 운영해 보니 첫 달부터 수입이 예상치를 훌쩍 넘었다. 지금은 월급으로 순수익 천만 원 내외를 가져가고 있는 데다, 조그맣게 시작한 가게의 브랜드 인지도도 높아져 같이 사업하는 분들도 하나둘 늘고 있다. 해야 할 일이 점점 더 많아져서 걱정이지만 그럼에도 근무 시간과 관련된 나의 원칙 하나만큼은 바꾸지 않을 생각이다. 즉, 출근은 아이들이 등원등교할 때 같이 하고, 퇴근은 아이들 하원하교보다 먼저 한다는 원칙이다.

앞으로도 이 원칙을 지키며 사업을 키워나가는 데 무리가 없으리라 판단한다.

● ──── ●

나에게 최적화된 비즈니스 모델을 구축하라

이런 일이 가능한 이유는 다름 아닌 '효율'에 있다. 내가 가능한 범위 안에서 최대의 효율을 추구하는 덕분이다. 남들이 8시간, 10시간 일해서 처리할 일을 5시간 안에 해내기 위해 내가 한 일은 다음과 같았다.

첫째, 일상의 미니멀리즘을 통해 짧은 시간에 필요한 일에 집중할 수 있는 환경을 조성한다. 둘째, 내가 원하는 시간에 맞춰 시간 분배 및 활용 원칙을 세운다. 셋째, 모자란 부분을 서로 보완 가능한 동업자와 조력한다. 넷째, 일정 시간 안에 일을 끝낼 수 있도록 판매 및 주문, 운영에 있어 시스템을 구축한다.

이를 통해 자신에게 최적화된 비즈니스 모델을 구축할 수 있다.

하루 5시간 사업의 노하우

① 환경 조성 : 미니멀리즘을 통해 진짜 중요한 일만 남긴다

② 시간 활용 : 시간표는 단순화하되, 할 일은 명확히 한다

③ 사업 파트너 : 서로 보완할 수 있는 동업자와 조력한다

④ 판매 시스템 : SNS와 포털의 플랫폼을 최대한 활용한다

지금부터는 이와 관련하여 내 경험과 생각들을 풀어나가 보겠다.

CHAPTER 11

미니멀리즘 :
진짜 중요한 일만 남겨라

이번 장을 읽기에 앞서 잠시 다음의 질문에 대한 답을 생각해보기 바란다.

첫째, 당신이 하고 있는 업무, 혹은 했던 업무를 떠올려보자. 만약 하루 딱 5시간의 업무 시간이 주어진다면 무엇을 하겠는가?

둘째, 반대로 매일의 일상 중에서 딱 5시간이 사라진다면, 일상의 일들을 어떻게 분배하고 해결할 것인가?

하루 5시간 사업을 가능하게 만드는 아이디어는 바로 이 2가지 질문에서 시작된다. 첫 번째 질문은 업무 효율화에 관한 것이며, 두 번째 질문은 업무 외의 일상, 즉 육아, 가사, 여가 등의 효율화에 관한 것이다. 이 질문들에 관한 답을 찾는 것만으로도 내게 맞는 하루 5시간 사업 방식을 구상하는 데 무척 도움이 된다.

버리는 것부터 시작하자

한때 미니멀리즘 열풍이 불었었다. 단순히 세간살이를 줄여서 집을 깨끗하게 만드는 수준이 아니라, 내가 진짜 좋아하고 필요로 하는 물건만 남기고 비움으로써 공간에 여백을 만드는 것이다. 겉으로 보기에는 정리 기술과 다를 바 없어 보이지만, 그 목적은 모든 것이 과도한 시대에 삶을 한 번 디톡스한다는 데 있다.

하루 5시간 일하는 사업 모델을 구상하며 내가 가장 먼저 떠올린 것이 바로 미니멀리즘이었다.

「신박한 정리」라는 TV 프로그램이 있다. 연예인들의 집을 정리해 주는 이 프로그램을 보면, 작지 않은 크기의 집인데도 오랜 기간 너무 많은 물건들이 들어차서 비좁고 복잡해진 경우가 대다수다. 이물건 저 물건 자리만 있으면 쌓다 보니 원래의 용도를 잃어버린 방도 있고, 어디 무슨 물건이 있는지 주인도 잘 모른다. 한 마디로 집이라는 공간의 효율, 집 안에 쌓여 있는 물건들의 효율이 매우 떨어져 있는 상황이다. 이를 개선하기 위해 가장 먼저 하는 일은 바로 버리는 것!

아무리 추억이 들어 있고, 예전에 필요해서 산 물건이라 해도 지금 사용하는 것이 아니면 버린다. 그렇게 버릴 것과 남길 것을 분류하고, 가능한 한 비울 수 있는 것은 다 비우고 나서야 비로소 정리가 시작된다.

우리의 일상도 마찬가지다. 아무리 사소한 종류라도 모든 일에는 많은 적든 에너지와 시간이 소요된다. 정신적인 에너지, 육체적인 에너지, 시간은 매우 중요한 자원이다. 짧은 시간 제대로 일하려면 이러한 자원들을 최대한 효율적으로 사용할 필요가 있다. 그러니 내 자원을 소모할 필요가 없는 대상들은 치우자.

실제로 나는 다음과 같은 것들을 가능한 한 일상에서 정리했다.

낫 투 두 리스트 : 이런 종류의 일들은 하지 않는다

소위 '있어 보이기 위해' 시간을 들여 만드는 각종 양식과 서류들,

정말 도움이 되나 싶으면서도 남들이 하니까 나도 하는

입소문 마케팅(업체 홍보),

보고 있으면 시간이 후딱 지나가버리는 포털 사이트 접속,

죽마고우가 아닌 친구 혹은 지인들과의 인간관계,

참석하면 좋겠지만 안 해도 큰 문제는 없는 각종 모임과 행사 등

• ———— •

선별하고, 구분하고, 순위를 매기자

'할 일 미니멀리즘'을 실천하기 위해서는 먼저 남길 일과 버릴 일
을 선별해야 한다.

자기 관리 분야의 클래식 아이템 중 '프랭클린 플래너'라는 것이
있다. 벤자민 프랭클린이 사용했던 작은 수첩에서 영감을 얻어 개발
된 것으로, 자신이 가치 있게 여기는 항목들에 집중하고 더 높은 수
준의 성취를 달성하도록 도와주는 도구이다. 지금은 수많은 종류의

일정 관리 어플들이 존재하지만, 스마트폰이 등장하기 이전에 프랭클린 플래너는 자기 관리의 혁신적인 도구로써 선풍적인 인기를 끌었었다. 지금도 제법 비싼 가격에 판매되고 있고, 이 플래너를 사용하는 분들 또한 여전히 많다.

플래너의 구성은 다소 복잡해 보이지만, 콘셉트는 간단하다. 한정된 시간 자원을 우선순위가 높은 일에 집중하라는 것이다. 매일 아침 그날의 일정을 확인하고 나면 해야 할 일의 목록을 작성한다. 그리고 할 일들을 중요도에 따라 A, B, C 등급으로 분류하여 등급이 높은 순서대로 일을 처리한다.

이 방식을 '할 일 미니멀리즘'에 차용해보자. 하루 일과를 중심으로 할 일 리스트to-do-list를 쭉 적는다. 프랭클린 플래너에서는 A부터 C까지의 3등급으로 분류하지만, 나는 이를 5등급으로 분류한다.

A(1등급) : 긴급도 & 중요도 ★★★★★ 몰입도(=에너지 레벨) 上

다른 어떤 일보다도 중요한 이슈, 오늘 안으로 처리하지 않으면 망하는 일.

긴급도와 중요도 면에서 최상위!

B(2등급) : 긴급도 ★★★ & 중요도 ★★★★★ 몰입도 上

매우 중요한 이슈, 하지 않으면 큰일 나는 일.

고정된 루틴의 일부.

긴급도는 A보다 약간 덜하지만 중요도는 최상위!

C(3등급) : 긴급도 ★ & 중요도 ★★★★ 몰입도 中

중요한 이슈, 일상적으로 처리하지만 해야 하는 이유가 명확한 일.

고정된 루틴의 일부.

긴급하지는 않지만 중요도는 상위권.

D(4등급) : 긴급도 ☆ & 중요도 ★★★ 몰입도 下

어쩌다 생기곤 하는 중요하지 않은 이슈,

해야 하긴 하지만 미룰 수 있거나 남에게 맡길 수 있는 일.

긴급도는 없으며, 중요도는 중하위권.

E(5등급) : 긴급도 ☆ & 중요도 ★ 몰입도 下

사소한 이슈, 하면 좋지만 안 해도 큰 문제없는 일.

긴급도는 없으며, 중요도는 최하위권.

그리고 할 일 목록에 모두 등급을 매긴다. A부터 C는 남길 일들이고, D는 대기 목록, E는 버릴 일이다.

남길 일이라도 사용하는 에너지는 다르다.

A와 B는 긴급도와 중요도가 모두 높은 일로 매우 신경을 써야 하는 것들이다. 구분되는 점이라면 A는 긴급하게 생긴 이슈이고, B는 반드시 실행해야 할 매일 루틴의 일부라는 것이다. A는 잊지 말고 우선적으로 처리하며, 필요하면 많은 에너지를 쏟아도 좋다. B는 하던 대로 하되, 반드시 처리해야 한다.

한편 C 또한 루틴의 일부일 수 있다. 그러나 여력이 안 되면 간소화하거나 뛰어넘을 수도 있는 일이다. 들이는 에너지를 줄여서 보다 효율적으로 처리하고, 가능하면 시간을 단축할 수 있도록 한다.

D에 해당되는 것들은 시간이 생기면 할 수 있지만, 시간이 없으면 버리고, 또 시기가 너무 경과하여도 버린다.

E는 아예 신경 쓰지 않거나, 아니면 신경 끌 방법을 생각하여 처리한다.

이렇게 하면 남길 일과 버릴 일을 구분하는 동시에, 해야 할 일 중에서도 무엇부터 해야 하는지, 또는 어떤 일에 가장 에너지를 쏟아야 할지 우선순위를 파악할 수 있다.

할 일 리스트의 분류 : 일부 예시

아이들 오전 루틴 & 등원 준비 (B)

출근 준비 (C) ※ Check! 화장은 최소화,
　　　　　　　　출근룩은 정해진 스타일로 시간을 단축하자!

자동차 수리 맡기기 (D) ※ 오늘이나 내일 시간 나면 내가,
　　　　　　　　　　　아니면 주말에 남편 찬스.

상품 확인 및 점검 (B)

가격 책정 (C)

밴드에 판매 상품 공지 (B)

주문 확인, 배달 보내기 (C)

어제저녁에 받은 클레임 건 관련 연락하기 (A)

어제 연락받은 홍보대행업체 미팅 요청 건 (E) ※ 거절할 것.

●———●

마음의 무게를 덜어내면 일상이 가벼워진다

물건도 잘 버리는 사람이 있고, 영 못 버리는 사람이 있다. 못 버리는 이유는 다양하다. 추억이 있어서, 나중에 쓸지도 몰라서, 비싸게

주고 샀던 물건이라 등등. 구체적인 이유를 막론하고 한마디로 요약하자면 '버리기엔 아까워서'라고 할 수 있겠다.

일상의 미니멀리즘을 실천하기 어려운 이유도 똑같다. 내 경우 가장 크게 번민했던 대상은 인간관계였다. 대학 시절, 하루에 두세 시간밖에 못 자는 한이 있어도 학생회나 과 모임에는 가능한 한 참석해서 어울리려고 했었다. 그렇게 이어져온 인연이 벌써 십수 년째이다. 직장동료들은 또 어떤가. 저녁이면 술 한잔씩 기울이며 회사생활은 물론이고 나의 미래에 대한 고민까지 가감 없이 나눴던 사이다.

결혼 후, 그리고 육아휴직 후 비록 연락은 자주 하지 못하지만 모두가 소중한 사람들이기에 관계를 이어가기 위해 내 나름대로 애썼다. 그러나 어쩔 수 없이 나도, 상대방들도 현실적인 이유로 서로에게 무뎌지는 것을 느끼던 어느 날.

"그런 걸 시절인연이라고 하는 거야. 인연에도 다 때가 있어서, 애쓴다고 되는 일이 아니야."

엄마의 말씀에 마음 한 구석에 체한 것마냥 걸려 있던 감정이 내려가는 걸 느꼈다. 그러고 보면 사실 가족 외에 영원히 갈 인간관계라는 것은 없다. 사람들과의 관계란 인생의 시기마다 자연스럽게 다가왔다가 멀어지기도 하는 것이다. 그것이 삶의 섭리라는 걸 받아들이고 나니 대인관계에 쏟는 에너지가 한결 줄어들었다. 관계를 이어 나가기 위해 하던 고민, 잘 보이려 애쓴 노력, 남들의 평가와 나에 대한 각종 말들에 곤두섰던 신경, 그 외 서운함, 의심, 호기심 같은 감정들이 줄어들며 삶이 조금은 더 가벼워졌다.

기대와 걱정 또한 마찬가지다. 사업이 잘되니 의식하지 못하는 사이에 기대감이 커졌었나 보다. 마음이 들뜨니 전에 없이 생각이 많아졌다. 수조에 물이 차듯, 사업과 관련되어 이런저런 감정과 생각들이 차오르니 걱정과 불안 같은 것들도 덩달아 수면 위로 떠올랐다. 앞 장에서도 말했지만, 이런 부정적인 감정들은 힘이 세다. 가만히 놔두면 영향력이 점차 커져 어느 순간 내 마음과 머리를 지배하기에 이른다.

이제까지 잘 다스려왔다고 생각했는데 기대와 더불어 걱정이 떠오르는 순간부터 자꾸 생각이 그쪽으로 빠져 정신을 차릴 수가 없었다. 효율적으로 일하기도 바쁜 와중에 에너지를 자꾸 엉뚱한 데 쏟고 있는 것이었다. 머릿속 또한 수시로 점검하고 비우고 청소하는 정리가 필요하다는 걸 다시 실감했다.

정신적 에너지와 육체적 에너지, 시간. 이 3가지는 돈보다 더 중요한 자원들이다. 유한한 데다가 한번 쓰고 나면 되찾기 힘들거나 아에 되돌릴 수 없다.

육아와 사업을 병행하겠다는 목표를 위해선 시간 낭비가 없어야 하는 건 물론이고 체력 관리도 매우 중요하다. 여기에 더해 정신적 체력 관리를 위해 마음의 무게를 줄이는 미니멀리즘을 권하고 싶다.

CHAPTER 12

시간 활용 :
시간표는 단순하게, 할 일은 명확하게

평일 새벽 5시 반, 남편의 출근과 더불어 나의 하루가 시작된다. 새벽 6시, 아이들이 일어나면 오전 9시까지 아침을 먹이고 책을 읽어주고 등원 준비를 한다. 9시에 큰애를 어린이집에 보내고, 9시 반에는 둘째를 유모차에 태워서 매장으로 출근한다. 오늘 새벽 시장에서 온 과일 상태를 검수하고, 가져온 과일의 상태에 맞춰 과일 가격을 매일 책정한다.

늦어도 10시 반까지 오늘 판매하는 과일들에 관한 상세한 소개글을 네이버 밴드에 올리고 주문을 받기 시작한다. 둘째는 보통 출근후에 2시간 정도를 자는데 아이가 자는 그 시간 동안 매장에 온 손님을 응대하고, 주문을 확인하여 챙기고, 배달을 보낸다. 그러다 보면 어느덧 12시 반. 둘째가 깰 시간이다. 이때부터는 아기 띠를 한 채로 매장 일을 본다.

오후 2시 반. 퇴근이다. 집에 가서 오전에 못 다 챙기고 나온 집안일을 하고, 수유도 하고 기저귀도 새로 갈고 놀아주다 보면 한 시간이 금방 간다. 3시 반에 큰아이가 하원하면 데리고 놀이터에 갔다가 저녁을 챙겨 먹이고, 목욕하고, 함께 책도 읽고 교구를 이용해서 놀기도 한다. 그러다 8시가 되면 아이들은 잠자리에 든다.

이후는 개인 시간으로, 초기에는 쉬면서 집안 일도 하고 야식을 먹기도 했지만 최근에는 기업체 고객이나 마케팅 관련 상담할 일이 많아져 한두 시간 더 업무를 처리하곤 한다.

평일 시간표

오전 6시 기상 → 아이들 밥 먹이고 같이 놀다가

→ 9시 큰아이 등원, 9시 반 출근 → 10시 반까지 밴드 업로드

→ 2시 반 퇴근 → 3시 반 큰아이 하원

→ 놀이터 갔다 밥 먹이고 같이 놀고 목욕 후 → 8시 아이들 취침

이게 나의 평일 시간표 전부이다. 앞서 이야기했듯, 긴급도와 중요도에 따라 해야 할 일을 모두 분류해놓은 상태이다. 할 일 등급을 매기는 데는 거의 시간이 들지 않는다. 평일의 하루 일과는 대체로 동일하므로 그날그날 특별한 이슈가 있을 경우 추가하고, 그 일의 등급만 다시 분류하면 된다. 이처럼 우선순위 등급에 따라 할 일의 순서와 소요할 시간 등이 머릿속에 들어있는 상태라 굳이 시간표까지 촘촘하게 짤 필요가 없다. 단순한 시간표 안에서 루틴에 따라, 혹은 먼저 처리해야 할 일부터 진행하면 되는 것이다.

지나치게 촘촘한 시간 계획표는 필요 없다

하루 시간표를 전체적으로 뭉툭하게 짜 놓으면 매일 상태에 따라 내 체력을 관리할 수 있다는 점이 좋다. 정해진 시간 안에서 어느 정도 할 일을 배분할 수 있기 때문이다. A나 B 등급의 긴급도와 중요도가 높은 일이나 루틴은 미룰 수 없다 쳐도, C등급의 일이라면 너무 피곤할 경우 내일로 미루거나 타인에게 부탁할 수 있다.

한편, 스트레스를 덜 받을 수 있다는 것도 장점이다. 시간표가 너무 촘촘하면 일이 아니라 시간표 자체에 쫓기는 수가 있다. 계획대로 살지 못하는 데 스트레스받고, 일이 잘 안 풀리거나 꼬이면 시간표 하나 제대로 못 지키는 자신을 탓하게 되기 쉽다. 그다지 생산적인 전개가 아니다.

하루의 전체 시간표는 뭉툭하게, 지켜야 할 큰 지점들만 정하되 그 시간에 처리할 일이 무엇인지는 명확하게 해두는 것이 중요하다. 보기만 해도 힘든 시간표가 아니라, 명쾌하면서도 자율도가 높은 시간표를 나 자신에게 선사해주자.

● —— ●

하루 5시간 사업을 위한 시간 디자인

하루 시간표와는 달리, 업무 시간표에는 약간 다른 접근이 필요하다. 모든 일하는 엄마들이 그렇지만 업무 시간을 유연하게 사용하기 어렵기 때문이다. 특히 하루 5시간 사업을 목표로 육아와 일을 병행하려는 엄마라면, 아이가 등원해 있는 그 시간딱 주어진 시간 안에 압축적으로 일을 해내야 한다.

그러므로 사업 모델을 구체화하거나 혹은 최소 사업 시작 단계에서부터 다양한 방식으로 업무 시간 활용을 시도해보길 바란다. 그냥 되는 대로 일을 처리할 것이 아니라, 내 방식대로 구조화하려는 노력이 필요하다. 그래야 어떤 부분에서 시간 단축과 효율 제고가 가능한지 확인하고 개선할 수 있다.

처음부터 업무 시간에 할 일을 너무 촘촘하게 짜 놓거나 혹은 반대로 너무 막연하게 생각하는 것은 좋지 않다. 전자의 경우 제대로 시작도 하기 전에 지치기 쉽고, 후자의 경우 루즈해지기 쉽다. 그러므로 자신의 시간을 디자인한다는 생각으로, 일종의 시간 활용 프로토 타입을 만들어보길 추천한다.

프로토 타입이란 제품을 출시하기 이전에 시험용으로 만들어보는 표준 모델을 말한다. 이러한 프로토 타입을 머릿속으로 그리는 데서 나아가 시험해보고 실제 상황에도 적용해봐야 자신이 그리는 5시간 사업이 정말 가능한 것인지, 아니면 무리인지, 혹은 가능은 한데 사업성은 희박한 것인지즉 돈이 안 벌리는 구조인지 등을 판단할 수 있다.

애초 나의 계획은 5시간 동안 상품 확인에서부터 판매, 주문 확인과 배달까지를 완료하는 것이었다. 그런데 실제로 해보니 포장과 배달까지 그 시간 안에 혼자서 다 마무리하기는 불가능했다. 매장에 방문 손님이 얼마나 되느냐 등의 변수들도 크게 작용해서 시간 조절이 안 될 가능성도 있었기에, 동생과 동업해 같이 운영하기로 결정했다.

이처럼 목표로 하는 업무 시간 안에 자신이 처리할 수 있는 일의 양을 확인해야 한다. 절대적인 시간이 반드시 확보되어야 하는 일이라서 5시간을 내내 투자해도 다 처리할 수 없다면 일을 줄이거나 위임하는 등의 현실적인 고려가 필요하다. 그렇게 해도 5시간 근무로 월급 정도는 벌 수 있어야 하니, 이것은 비즈니스 모델을 점검하는 데도 필요한 부분이다.

만약 완전히 처음 도전하는 일이라 실제로 소요되는 시간을 모르겠다면, 그 분야의 업체나 매장에 부탁해서 단 며칠이라도 직·간접적으로 경험해볼 필요가 있다.

내 경우 구리시장에 나가 장사를 경험하고, 근처 아파트 단지를 직접 돌아보며 배달 속도를 예상하고, 과일 포장 속도를 측정하는 등의 과정을 거쳐 하루에 판매할 수 있는 상품의 양을 결정했다.

프로토 타입을 만드는 다음 단계는 앞서 매긴 우선순위 등급과

위임 가능 여부를 확인하는 것이다. 이 또한 굉장히 촘촘할 필요는 없으나 목표한 시간 안에 다 처리할 수 있느냐, 그리고 그것이 과연 생산적이냐 아니냐를 판단하는 것은 중요하다.

원칙은 다음과 같다.

시간 범위 내에서 우선순위가 높은 것을 먼저 처리한다. 이때 긴급하게 생긴 A등급의 일로 인하여 평일 루틴의 B~C등급 중요도는 약간 달라도 둘 다 반드시 처리해야 하는 수준의 일을 동시에 진행하기가 어려울 것 같다면, 위임 가능한 일부터 위임한다.

그리고 시간 분배 및 활용을 다양하게 시도하며 C등급의 일들 매일 해야 하는 중요한 고정 루틴은 자꾸 시간을 단축하는 방법을 찾는 것이 중요하다. 숙련도를 높이는 것이 가장 좋은 방법이고, 동업자와 협력하거나, 아예 다른 사람에게 위임하는 것도 가능하다. 마지막 방법의 경우 아르바이트 생이나 대행 서비스에 대한 비용이 발생한다는 점 또한 고려해야 할 것이다. 배보다 배꼽이 큰 상황이 되지 않도록 주의해야 한다.

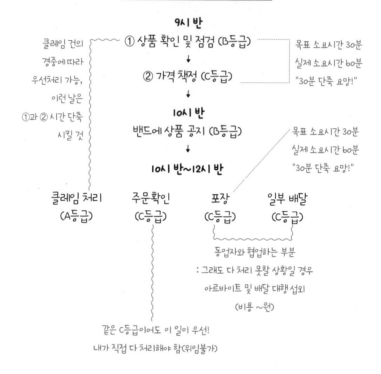

시간 디자인 프로토 타입의 예시

9시 반
① 상품 확인 및 점검 (B등급)
↓
② 가격 책정 (C등급)

클레임 건의
경중에 따라
우선처리 가능,
이런 날은
①과 ② 시간 단축
시킬 것

목표 소요시간 30분
실제 소요시간 60분
"30분 단축 요망!"

10시 반
밴드에 상품 공지 (B등급)
↓

목표 소요시간 30분
실제 소요시간 60분
"30분 단축 요망!"

10시 반~12시 반

클레임 처리	주문확인	포장	일부 배달
(A등급)	(C등급)	(C등급)	(C등급)

동업자와 협업하는 부분
: 그래도 다 처리 못할 상황일 경우
아르바이트 및 배달 대행 섭외
(비용 ~원)

같은 C등급이어도 이 일이 우선!
내가 직접 다 처리해야 함(위임불가)

프로토 타입은 어차피 시험 모델이다. 이걸 반드시 목숨처럼 지켜야 할 필요는 전혀 없으며, 언제든지 바꾸고 다시 만들 수 있다. 다만 더욱더 효율적으로 개선해나가기 위해서는 이 같은 밑그림이 있어야 한다는 걸 염두에 두면 좋을 것이다.

남의 편을 내 편으로

이번 챕터 앞쪽에서 나의 하루 평일 일과를 소개하였다. 보면 알겠지만, 나의 시간표는 딱 2가지로 목적으로 요약된다. 육아와 사업이 그것이다.

나는 업무 시간 외에는 철저히 아이들 위주로 생활하고 있다. 물론 가사 일도 중요한 일과 중 하나지만, 집안일보다는 아이가 우선이다. 예를 들어 아이들이 저희들끼리 책 읽고 노는 시간에 집안일을 할 수 있는 날이 있는가 하면, 괜히 칭얼거리며 엄마에게서 떨어지지 않으려고 하는 날도 있다. 그런 날은 "엄마 바빠, 저리 가서 너희들끼리 놀아."가 아니라 "오늘 어디 불편한 데 있어? 우리 아들 컨디션부터 살펴보자."라고 한다. 집이 엉망이면 당연히 마음이 편하지 않지만, 그래도 집안 정리보다는 아이들 밥을 직접 해 먹이고 놀이터 데려나가는 것이 우선이다.

이렇게 하는 이유는 하루 5시간을 제외한 나머지 시간에 집중해야 할 목표가 명확하기 때문이다. 즉, 아이들에게 정서적으로 안전감과 만족감을 느끼게 하는 것이 지금의 방식으로 일하는 이유임을 항상 인식하고 있어서다. 이를 위해 아이들을 행복하게 만드는 일상의 소소한 경험에 가장 큰 가치를 두고 있다.

사실 이것은 남편의 협조 덕분에 가능한 일이다. 엄마 사장을 희망한다면 이 부분을 반드시 강조하고 싶다. 나의 판단을 존중하고, 상황을 이해하며 기꺼이 힘을 보태는 남편이 있어야 육아와 사업이라는 가장 중요한 목표들에 집중할 수 있다.

그런데 만약 협조와 협력은 고사하고, 남편이 우리 집 첫째 아들인 상황이라면 어떨까? 남편까지 아이처럼 케어해야 하는 경우라면 사업 구상에 앞서서, 엄마 혼자 그 모든 무게를 감당할 수 있을지부터 고민해야 할 것 같다.

남편이 내 편이 되어주지 않으면 육아와 사업이라는 핵심 목표를 향해 에너지를 쏟기 어려울 것이다.

CHAPTER 13

사업 파트너 :
믿고 맡길 사람은 찾지 마라

지금 운영하고 있는 곳 외에, 화월청과 가맹점을 해보고 싶다고 찾아온 경우가 몇 분 있었다. 여러 가지 이유로 성사되지 않았지만 모두 함께 운영할 사업 파트너를 찾지 못했다는 공통점이 있었다. 사업을 시작한 지 비록 오래되지는 않았으나, 나름 브랜드 철학이렇게 거창한 표현을 쓰려니 쑥스럽지만이 있어 사업 파트너를 끝내 찾지 못한 분과는 이야기가 잘 되지 않았다. 그 철학이란 소위 '오토 운영은 지양한다.'는 것이다.

이유는 이렇다.

연락해온 분은 대부분 예비 엄마 사장님들이어서 나와 같은 5시간 사업 모델을 희망하셨다. 그런데 하루 5시간 사업이라 해도, 딱 그 시간만 바짝 일하면 끝나는 것이 아니다. 오후 업무가 필요하다. 특히 내 경우를 예로 들면, 다음 챕터에서도 이야기하겠지만 내가 있는 시간 동안 인터넷과 매장을 합쳐 판매의 70~90%가 일어난다. 이렇게 이야기하면 오후 영업이 필요 없을 것 같이 생각되지만 그렇지 않다. 포장과 배달 일이 상당 부분 남아 있다.

과일 장사는 결국 동네 단골들을 대상으로 히는 일이기 때문에 과일의 맛은 물론이고, 포장 및 배송 퀄리티도 항상 일정하고 서비스 또한 균질해야 한다. 게다가 화월청과는 '합리적인 가격에 선보이는 백화점급 프리미엄 과일'이라는 콘셉트를 가지고 있다. 실수가 생기면 '프리미엄'이라는 브랜드 이미지 자체가 손상된다.

●───●

두 번째 사장님이 필요한 이유

독자 여러분 중에는 지금 이렇게 생각하는 분이 계실 것이다.
'믿고 일을 맡길 만한 스태프를 구하면 충분히 가능하지 않을까?'
내가 대학 시절 수없이 많은 일자리를 섭렵하며 깨달은 것이 있다.

아르바이트생이든 직원이든, 아무리 책임감 강한 사람이라도 내 사업을 운영하는 사장님보다 더 확실하게 일할 사람은 없다는 것이다.

화월청과는 이름만 들어도 아는 유명한 브랜드가 아니다. 브랜드 인지도만으로 판매가 일어나지 않는다는 얘기다. 게다가 거점을 두고 하는, 이른바 동네 장사이다. 이런 상황에서 브랜드 가치를 쌓아나가려면 "프리미엄다운 퀄리티"를 확실하고도 꾸준하게 증명하는 수밖에 없다. 단지 화월청과뿐 아니라 정해진 수요층을 대상으로 하는 사업, 특히 소매 분야라면 이 점은 모두 동일할 것이다. 100번을 잘해도 1번을 잘못하면 고객을 잃고, 열심히 쌓아온 이미지를 잃을 수 있다.

● ——— ●

나와 장단점이 맞물리는 파트너를 찾자

지분이 얼마가 되었든, 작은 지분이라도 가진 동업자가 필요한 이유가 여기 있다. 내 사업'처럼' 운영해줄 사람이 아니라 실제로 내 사업을 같이 운영할 사람이 가장 믿을 만한 존재이기 때문이다. 한편,

믿고 맡길 사람이 아니라 서로 장단점이 보완되는 사업 파트너와 함께 하기를 권한다. 시너지는 비슷한 사람들끼리 어울릴 때보다, 서로 다른 타입들의 장단점이 절묘하게 맞물릴 때 발생하기 쉽다.

지금 우리 매장의 오후를 책임지고 있는 사람은 내 동생 소연이다. 사회생활로 다져진 친화력과 영업력이 특기인 나와 정반대로, 고객 응대에는 영 소질이 없다. 그래서 가능하면 소연이가 고객과 직접 대화하거나 상담하는 일이 없도록 매일 아침 밴드에 상품 공지를 매우 상세하게 올리곤 한다. 더 이상의 부연 설명이나 문의사항이 필요 없을 정도로 조처해 놓는다. 고객의 여타 문의사항이나 기업고객 상담, 클레임 건 또한 가능한 오전에 내가 모두 처리하고, 미처 다 처리하지 못하거나 급한 일이면 아이들이 잠든 이후에 한다.

그런데 이처럼 고객 응대만 빼면, 그 외 업무에 있어서는 소연이 이상 꼼꼼할 수가 없다. 나는 덜렁대기 일쑤라 오죽하면 '애 안 잃어버리는 게 용타'는 말까지 들을 정도인데 비해 소연이는 차분하고 집중력이 강한 성격이다.

오전 일이 아무리 바빠도 내가 미룰 수 있는 퇴근 시간은 최대 한 시간. 큰아이 하원 시간이 되면 나는 무슨 일이 있어도 퇴근하는 수밖에 없다. 일을 하다 말고 뒤를 부탁한다며 나가도 바통 터치를 받아 일을 깔끔하게 처리해주는 사람이 우리 매장의 두 번째 사장님, 내 동생이다.

하루 5시간 사업에 도전하는 엄마 사장이라면, 이처럼 성격적인 보완점을 가진 사업 파트너가 반드시 필요하다. 또한 믿고 '맡길' 수 있는 사람이 아니라 그냥 이유 없이 '믿을' 수 있는 사람과 함께 해야 한다. 친구지간이든, 자매지간 혹은 동서지간이든 완벽한 한 쌍의 콤비가 되어 파트너십으로 일할 수 있는 사람 말이다.

CHAPTER 14

판매 시스템 :
SNS와 포털의 플랫폼을 최대한 활용하라

매일 아침 10시 반. 화월청과 동탄 본점의 네이버 밴드 알림이 울린다. 평일이면 어김없이, 당일 새벽에 들어온 과일 사진과 함께 상품들에 관한 상세한 설명이 올라온다.

「찰토마토 크고~ 탱글 해요! 근데 … 맛은 없어요. 과일집 쥔장이 과일 맛없다 그러면 이상하게 보시겠지만 사실이 그래요. 토마토 맛있어지려면 조금 더 기다려주셔야 할 것 같아요. 영양소 섭취를 위해 갈아드시기로는 크기도, 가격도 괜찮아요.」
「오늘은 화월 언니 신나는 날! 포도도 맛있고, 멜론도 너무 맛있고요, 수박도 좋아요. 저장 사과 맛도 떨어지고 식감도 안 좋다고 계속 제가 매장에서 말씀드렸었는데, 오늘 햇사과 홍로도 입고되었습니다. 아삭 하고 좋아요. 무엇보다 정말 많은 분들이 기다려주셨던 금홍 천도가 입고되었습니다.」

「오늘도 맛있는 복숭아가 가득 입고되었습니다. 여러분, 마도카는 오늘도 맛있어요. 당연히 맛과 향, 즙으로만 따지면 그레이트가 1등. 그런데 비싸잖아요. 마도카는 알은 작지만 싱싱하고 맛도 좋아서 주말에 알차게 드실 수 있을 거예요. 황도도 지난주에 비해 가격이 정말 좋아졌어요. 크기가 좀 작아지는 바람에 아쉽지만(웃음), 맛은 좋아요.」

 알림을 받은 고객들의 손가락이 바쁘게 움직이기 시작한다. 주문을 선착순으로 받다 보니 인기 있는 상품은 불과 30분~1시간 만에 품절되는 일도 드물지 않기 때문이다. 대개 정오 무렵이면 주요 품목은 완판되고 매장 판매용으론 소량의 물량만 남는다.

 밴드 알림을 늦게 확인했거나 사정이 있어 아침에 접속하지 못한 고객들은 다음 입고를 기다리는 수밖에 없다. 그런 고객이 많은 날이면 '집에 과일이 뚝 떨어졌는데 한 발 늦었어요, 아쉬워요.', '맛있는 제철 과일이 유난히 당기는데 내일 아침 입고 알림 기다릴게요.'

등의 댓글이 달리기도 한다.

매장에 앉아 손님을 기다리던 시대는 끝났다. 그 같은 전통적인 방법으로는 하루 5시간 사업이 불가능하다.

처음부터 나는 나의 근무 시간 동안 홍보에서부터 판매까지의 사이클이 돌아가는 시스템을 만들려 했고, 그러한 시도가 성공한 덕분에 오후 2시 반이면 가벼운 마음으로 매장을 나선다. 남은 주문 확인과 픽업, 포장, 배달 등은 오후에 출근한 동업자동생가 처리하긴 한다. 그래도 장사에서 가장 중요한 것이 돈을 버는 일, 즉 '판매'라는 점에서 사장의 할 일을 충분히 하는 셈이라고 자부한다.

실제로 우리 매장의 매출 90%는 내가 매장에서 근무하는 시간에 발생하며, 그중 70%가 네이버 밴드를 통해 이뤄진다. 위에서 소개한 대로 매일 아침 10시 반을 전후해서 밴드에 입고 상품과 상품 설명을 올리고, 선착순으로 당일 주문을 받는 방식이다.

네이버 밴드는 폐쇄형 SNS라 동네 주민들만 멤버로 받고 커뮤니티를 관리할 수 있다. 덕분에 주문, 주문확인, 배송 등과 관련해 원투원1:1 서비스를 하기도 용이하다. 이를 위해 가입 시에는 거주 중인 아파트신도시라 아파트밖에 없다.를 기재하게끔 하고 있다.

● —— ●

온라인 마케팅 & 마켓 플랫폼별 특징을 파악하자

많은 SNS 서비스들이 온라인 비즈니스에 활용하기 좋은 플랫폼과 툴들을 제공하고 있다.

'팔이 피플'이라는 신조어까지 등장시키며 1인 마켓의 대표적 플랫폼이 된 인스타그램. 그저 일상을 공유하는 외에 쇼핑 태그를 등록하여 인스타 마켓 운영이 가능하다. 또한 간편한 가입으로 네이버 페이 결제 기능을 적용할 수 있는 네이버 스마트스토어, 쿠팡 사이트에서 좀 더 적극적인 광고가 가능한 쿠팡 마켓플레이스 등도 대표적인 온라인 비즈니스 플랫폼이다. 핸드메이드 상품이나 아이디어 상품들에 특화된 플랫폼으로는 아이디어스, 카카오 메이커스 등이 있고 아예 시제품 상태에서 선先판매하는 와디즈, 텀블벅 등의 펀딩 사이트들도 있다.

이처럼 불특정 다수의 온라인 고객들을 대상으로 하는 다양한 오픈마켓 플랫폼들이 존재한다. 대체로 입점과 운영이 어렵지 않은 편이니, 우선 내게 익숙한 플랫폼을 위주로 알아보도록 하자. 어느 정도 자리만 잡는다면 온라인 상점을 열고 필요한 시간에만 일하는 것이야말로 하루 5시간 사업의 가장 편리한 방식이라 하겠다.

한편, 일정한 오프라인 상권을 대상으로 온라인과 오프라인 판매를 병행하는 사업도 있다. 배달의 민족이나 요기요 같은 음식배달 플랫폼들이 온·오프가 결합된 업종, 그중에서도 요식업에 특화된 서비스들이다.

이처럼 많은 플랫폼과 서비스들이 존재하지만, 내 입장에서는 한 가지 넘어야 할 문제점이 있었다. 상점을 열어놓고 오는 고객을 기다려야 한다는 점만큼은 전통적인 장사와 큰 차이가 없었던 것이다. 물론 인스타그램 등 인플루언서 마켓의 경우 조금 다르기는 하다.

나는 성격이 많이 급한 편이다. 인터넷 창을 열어놓고 기다리든 매장 문을 열어놓고 기다리든, 앉아서 고객을 기다리고만 있는 것은 내가 생각하는 사업 모델에 도무지 맞지 않았다. 내가 원하는 시간, 다시 말해 9시 반에서 2시 반 근무 시간 사이에 최대한 많은 매출이 일어나야만 했다. 하루 5시간 사업은 그 사이에 최고의 효율을 내서 최대의 성과를 이뤄야 의미가 있다. 아닌 말로 5시간 때우다가 집에 가면 그걸 무슨 비즈니스 모델이라고 할 수 있는 겠는가.

고객을 기다릴 것이 아니라 내가 고객들에게 다가가야 한다. 기술의 발전으로, 요즘 시대에는 내 고객이 오케이만 한다면 그들이 어디에 있든 찾아가서 마케팅할 수 있는 방법이 있다!

내가 선택한 것은 네이버 밴드였지만, 카카오톡 채널구 플러스친구 또한 훌륭한 비즈니스 도구이다. 2가지 모두 앞서 언급한 일반적인 온라인 마켓 플랫폼들보다 프라이빗하다는 특징이 있다.

차이가 있다면 네이버 밴드는 가입자들 간에 커뮤니티와 게시판적 성격이 더 강하고, 카카오톡 채널은 브랜드 마케팅과 원투원 커뮤니케이션에 더 강하다는 것이다. 예를 들어 관심사나 동네, 목표 등을 공유하는 사람들을 한 군데 모아서 그들로 하여금 새 글과 댓글을 읽고 참여하는 재미를 주려면 네이버 밴드가 유리하다. 한편 브랜드나 매장의 카탈로그를 구독하듯이 소식을 받아보게 하거나, 고객들이 개인적인 상담을 선호하는 경우에는 카카오톡 채널이 더 적합하다 하겠다.

또, 네이버 밴드는 사용하지 않는 경우 따로 어플을 설치해야 하지만가입은 네이버 아이디로 간편하게 가능, 카카오톡 채널은 전 국민의 필수 앱이라는 카카오톡 안에서 이루어지는 서비스라는 차이도 있다. 구상하는 비즈니스의 종류, 대상으로 하는 고객층의 특성과 그들이 선호하는 커뮤니케이션 방식 등에 따라 선택하는 것이 좋겠다.

세상의 흐름에
눈을 크게 떠야 하는 이유

코로나는 우리 일상의 많은 부분을 바꿔놓았다. 설령 코로나 사태가 종식된다 해도 이전과 같은 일상으로 돌아가지 못하리란 전망이 우세하다. 내가 사업을 구상하기 시작했던 2020년 초는 코로나가 이제 막 발생한 때였다. 솔직히 당시만 해도 대부분의 사람들이 메르스나 신종플루를 떠올리며 코로나가 곧 끝날 날만을 기다렸다. 그런데 예상과는 정반대로 일부 국가가 아니라 전 세계적인 감염 추세가 이어졌다. 잠깐의 유행일 줄 알았는데 범지구적인 대유행을 뜻하는 팬데믹Pandemic이라는 단어가 TV를 틀 때마다 들려왔다.

2020년 늦봄 무렵부터는 지인들의 걱정 어린 안부 전화가 이어졌다. 상당수는 새로운 사업을 할 시기가 아닌 것 같다며 오픈을 만류하였다.

나 또한 고민이 없지 않았다. 불안감이 커진 날은 '계약금을 날리더라도 인테리어 공사를 무를까?'라는 생각도 했다. 잠이 오지 않는 밤, 그날도 많은 생각을 안고 인터넷으로 뉴스를 보고 있는데 새삼스럽게 '언택트'라는 단어에 눈길이 꽂혔다. 코로나 시대에 나온 재미있는 신조어라고 생각하고 별 관심 없이 보아 넘겼었는데, 그날따라 그 단어를 서칭해 보고 싶었다. 그러자 뉴스를 보아도 언택트, 비즈니스 트렌드 자료들도 언택트, 인터넷 서점을 가도 언택트라는 단어를 달고 나온 신간들이 어찌나 많은지, 갑자기 온 세상이 언택트로 뒤덮인 느낌이었다.

앞에서 말했듯이 과일 가게의 트렌드가 바뀌고 있음을 느끼던 상황이다. '언택트'까지 결합한다면 코로나 시대 고객들의 요구에 한 발 앞서 다가설 수 있지 않을까. 네이버 밴드를 활용하는 판매 전략은 이미 구상하고 있었으므로, 온·오프 중 온라인 집중도를 조금 더 높이기만 하면 되었다. 성공에 대한 어떤 확신이 섰다. 흐름에 올라타고 싶다면, 먼저 몸을 던져야 할 일이다! 그때부터는 걱정 어린 조언들보다는 나의 직관을 믿고 더욱 빠르게 오픈을 준비하기 시작했다.

만약 그때 망설이다 오픈이 늦어졌다면 프리미엄 과일 가게 가운데서도 후발주자에 그쳤을 것이다. 그것도 모자라, 코로나 시대에 무슨 새로운 사업이냐며 아예 사업 준비를 접었다라면? 여러분에게 이런 이야기를 들려드릴 기회조차 없었으리라.

위기에도 기회는 존재한다. 운이 좋으면 그 기회를 코앞에서 마주칠 수도 있다. 하지만 보는 눈이 없다면 그것이 기회였는지도 모르고 '내 인생에는 기회가 한 번도 주어지지 않았어.'라고 생각하며 살게 될지도 모른다.

기회란 외부의 변화에서 오는 것이며, 그렇기 때문에 이 세상의 동향에 관심을 기울여야만 힌트를 포착할 수 있다. 앞으로도 이 부분을 잊지 않고 사업을 꾸려나가려 한다.

PART 4

일하는 시간의
열 배 연봉,
폭발적인 성과를
만드는 힘

성공을 기대한다면
남의 돈에 대한 보답으로 정직을 주어야 한다.

— 에드워드 헨리 해리먼 Edward Henry Harriman, 미국의 사업가

CHAPTER 15

세상을 내 편으로 만드는 태도의 힘 : 잘될 수밖에 없도록 운영하라

20년 동안 농수산시장에서 과일을 취급해온 우리 엄마의 양볼은 항상 발갛다. 예쁘게 화장을 해서라거나 흔한 홍조기 같은 것이 아니다. 그것은 양볼이 트고 남은 흉터이다. 살갗이 트고, 아물기도 전에 다시 트고를 반복하여 엄마의 양쪽 볼은 영영 발갛게 터버린 것이었다. 한겨울에도 새벽부터 나가 과일 장사를 하다 보니 생긴 세월의 흔적이다.

"엄마, 나갈 때 크림 단단히 바르고 나가."

아무리 말해도 겨울 새벽바람에는 소용이 없다고 한다. 머리와 귀는 어떻게 덮어도 볼은 속수무책 바람에 에이는 신세이다. 말도 못하게 힘들었을 텐데 그럼에도 엄마가 시장 일을 못 접는 데는 이유가 있다고 했다. 지금과 같이 중도매인 일을 하기 전부터 과일 가게에서 근무했었는데, 새벽부터 저녁까지 엄마만 찾는 손님들이 하도 많아 도무지 일을 놓을 수가 없더란 것이다. 사장님이 있어도 직원인 엄마가 없으면 과일을 사지 않고 돌아가는 손님이 허다해서, 좋기도 하고 또 미안하기도 했다고 한다.

대체 어떻게 했길래 오는 손님마다 사장님은 뒷전이고 엄마만 찾았다는 걸까?

●——●

언제나 만나고픈 좋은 사람이 되겠다는 마음으로

이런 질문을 하면 엄마의 대답은 항상 비슷했다.

"단골들이 다들 워낙 좋은 분들이라, 나 배려하느라 그랬겠지."

그저 겸손한 표현이라 생각했는데, 나 또한 장사를 하면 할수록 엄마의 말씀이 진심이란 걸 느낀다. 장사는 결국 사람을 대하는 일이고 이는 달리 말해 대인관계이기 때문이다.

사람은 비슷한 사람끼리 어울린다는 말이 있다. 이와 관련해 인상 깊게 읽고, 장사를 할 때나 혹은 일상에서나 언제나 마음속에 간직 하려는 시가 있다. 최대호 시인의 「준비물」이라는 시이다.

좋은 일

좋은 사람

좋은 삶을 만나려면 간단한 준비물이 있다.

좋은 나.

ㅡ「준비물」, 최대호

나와 만나는 고객에게 어떤 사람이 될 것인가? 잇속 밝은 장사꾼 인가, 아니면 일이 없어도 들러서 안부 묻고 싶은 편안한 이웃인가? 당연한 말이지만 나의 선택은 후자다. 손님이 자주 내 가게를 찾아 주길 바란다면, 내가 먼저 그럴 만한 이웃이 되어야 한다. 또한 고객 이 상냥한 태도로 나를 존중해주길 바란다면, 내가 먼저 그런 태도 를 보여야 한다. 이건 딱히 비즈니스의 영역도 아니고 인간관계 일 반을 아우르는 당연한 섭리 같은 것 아닐까?

나와 만나는 고객에게 에너지를 줄 것인가? 축 처지고 기분 나쁜 에너지인가, 아니면 밝고 즐거운 에너지인가? 이번에도 선택은 당연히 후자이다. 네이버 밴드 알림이 울리는 순간, 밴드에 접속해서 오늘의 상품들에 대한 글을 읽는 자체로 고객들이 텐션업 하여 하루를 활기차게 시작할 수 있기를 바란다. 실제로 매일 공지를 올릴 때마다 글을 통해 좋은 에너지를 전달하려고 나름 노력하고 있다.

● ── ●

행운에게 마음의 문을 열어주자

모든 사람이 상대의 태도에서 자신과 관련된 일종의 감각을 느낀다. 나를 싫어하는 듯한 느낌, 반기며 기뻐하는 느낌, 나에 대한 경계심, 친근감과 호감 등등. 딱히 말로 하지 않아도 표정과 말투, 몸짓 등 비언어 표현을 통해 직감적으로 유추한다.

이어지는 것은 거울 반응이다. 나를 경계하면 나도 상대를 경계하게 되고, 나에게 호감을 느끼는 것 같으면 나도 덩달아 상대에게 관심이 생기는 식이다.

그러므로 최대호 시인의 시와 마찬가지로, 나부터 준비해야 한다.

나의 마음이 고객에게 어떤 방식으로든 영향을 끼친다는 점을 기본으로 인지하고 있어야 할 것이다. 고객들을 좋아하거나 진심으로 반기지 않으면서 장사가 잘되고 매장이 성업하기를 원하는 건 어불성설 아닐까?

그럼에도 불구하고 일하다 보면 예상치 못하게 일이 전개되어 기분이 상하고, 나도 모르게 방어적으로 변하게 될 때가 있다. 에너지 모드가 완전히 저하된 상태다. 그럴 때 다른 손님이 방문하면 그분 탓이 아닌데도 어쩐지 기운 빠진 목소리로 말하게 된다. 내 의지와는 달리, 한두 번 그렇게 잘못 응대하고 나면 며칠이 지나도 두고두고 마음이 쓰이곤 한다.

이걸 가지고 고민하다가 에너지 모드를 전환할 수 있는 한 가지 방법을 고안해냈다. 아이들에게 동화책을 읽어주듯이 나에게도 나만의 어른 창작 동화를 들려주는데, 뜻밖에 심리 상태를 바꾸는 효과가 있다. 내용은 이렇다.

하늘에서 행운이라는 이름의 신이 내려왔다. 그 신은 우리의 아주 가까이에, 그러나 눈에 잘 띄지 않는 곳에 숨어 있다가 급시에 닫힌 문을 두드린다. 별다를 것 없어 보여 딱히 관심도 가지지 않는 모습의 행운은 자신에게 기꺼이 문을 열어줄 사람을 찾아 이 문, 저 문을 두드리고 있다. 그 문을 열어주는 사람의 인생에는 행운이 들어오고, 문을 자주 열어둘수록 신의 축복은 대운이 될 것이다. 그 문의 이름은 바로 마음의 문이다.

이어서 '길 가던 행운이 찾아와 내 인생에 입장할 수 있도록 마음의 문을 활짝 열자.'고 생각한다. 이렇게 나만의 어른 동화를 상기하다 보면 마음이 조금 차분해신다.

마지막에 주문을 외우듯 행운에게 문을 열어주자고 생각하면 기분이 한결 좋아지기도 한다. 안 좋았던 일로 닫혔던 마음이 다시 열리면, 그때부터는 매장에 온 손님과 고객의 문자 메시지 하나하나가 내 마음의 문을 두드리는 행운처럼 생각된다. 자연히 반갑고 감사하게 여겨진다.

이처럼 장사하는 시간 동안 힘든 일이 있더라도 심리 상태와 에너지를 반전시킬 어떤 장치를 마련해두는 것이 좋다. '좋은 나'를 항상 준비해두기 위해서 말이다.

잘되는 장사의 핵심은 다시 찾아오게 만드는 것

잘되는 사업의 이면에는 화수분이 존재한다. 돈이나 물건이 나오는 화수분이 아니다. 단골이 단골을 만들고, 한 명의 단골이 다섯 명의 단골이 되고, 다섯 명의 단골이 그 열 배, 스무 배 고객을 당겨와서 끊임없이 매출이 일어나는 화수분이다. 이런 화수분을 가지기 위해 포커스를 둬야 할 것이 있다. 재방문율과 재구매율이다. 가입자 수보다 중요한 것은 활발하게 참여하는 멤버의 숫자이며, 방문율보다 중요한 것은 재방문율이고, 구매율보다 더 중요한 것이 재구매율이란 것은 주지의 사실이다.

그래서 많은 사장님들이 고객 관리에 다양한 노력을 기울인다. 쿠폰을 발행하고, 다른 고객이나 SNS에게 소개하면 서비스나 가점 등의 혜택을 준다. 그런데 그 모든 고객 관리 방법에 앞서 가장 우선이 되는 것은 바로 태도이다.

기본적으로 고객에게 마음이 열려 있어야 하고, 설령 안 좋은 일이 있더라도 평정심을 유지하며 그 일이 다른 고객의 경험에 영향을 끼치지 않도록 해야 한다. 한 번이라도 불쾌한 경험을 한 고객은 다시 그 가게를 찾지 않을 것이기 때문이다. 반대로, 언제 어떤 상황에서 방문하든 그곳에만 가면 힘을 얻고 좋은 기운을 받아오는 듯한 느낌이 든다면, 누구라도 데리고 또다시 방문하지 않을까. 잘되는 장사의 시작점이 바로 여기에 있지 않을까 생각한다.

고객을 입덕시키는 진심의 힘 : 솔직함이 무기다

매장을 오픈하기 전, 엄마가 일하는 도매시장에 나가 일을 배울 때였다. 종종 이상한 장면을 목격하곤 했다.

"사과 한 박스 얼마예요?"

손님이 와서 묻자 엄마가 가격을 알려주는 것이 아니라, "지금 사과가 좀 푸석푸석하고 맛이 별로예요. 다음에 드세요."라고 답하는 것이었다. 그 말을 들은 손님은 "네, 알겠어요."하고 떠났다.

하루는 그런 장면을 또 보고는 너무 황당해서 엄마에게 물었다.

"엄마, 장사하기 싫어? 사과 사러 온 손님한테 왜 사과 맛없다고 다음에 먹으라 그래?"

그때 엄마의 대답이 잊히지 않는다.

"지금 맛없는 저 사과 한 박스를 팔면, 저 사람은 다신 우리 가게 안 온다. 하지만 오늘 그냥 돌려보내고 나서 다음에 정말 맛있는 사과가 있을 때 그걸 팔면 저 사람은 내 말을 100퍼센트 믿어주는 평생 단골이 되는 거야."

●———●

진심은 반드시 전해진다

과일은 생물이기 때문에 365일 언제나 맛있을 수는 없다. 또 아무리 최상품을 선별해 온다고 해도 판매하는 과일이 항상 고객에게 만족감만 줄 수도 없는 노릇이다. 식감이 좋은데 당도가 떨어지는 것이 있고, 반대로 당도는 좋은데 식감이 떨어지는 것이 있다. 매일 상태도, 맛도 다르다. 그렇기 때문에 정확한 정보를 전달하는 것이 가장 우선이다.

엄마에게 배운 이 같은 태도를 나 역시 철저하게 지키며, 화월청과 브랜드를 공유하는 사장님들에게도 강조한다.

아침에 출근해서 내가 가장 먼저 하는 일은 입고된 과일들을 검수하는 것이다. 그리고 매장을 찾아온 손님에게도, 밴드에 상품 설명을 올릴 때에도 과일 상태를 최대한 솔직하게 이야기하려고 한다. 사과를 예로 들어보자. 사과는 기본 상품군 중 하나라 입고를 아예 안 시킬 수는 없어서, 퀄리티가 아주 마음에 들지는 않더라도 소량 정도는 가져와 진열하는 과일이다. 아무리 맛있는 사과를 찾으려고 해도 시기적으로 맛이 좀 덜한 때도 있다. 그런 날 만약 "사장님, 사과 주세요."라며 찾아온 고객이 있다면, 이렇게 설명한다.

"요즘은 사과가 그렇게 맛있는 시기가 아니에요. 식감도 좀 떨어지고요. 건강상 매일 갈아드시는 용도라면 사가시고, 그게 아니면 다음에 더 맛있을 때 사세요.."

복숭아 철이라 오는 손님마다 복숭아를 찾는데, 일주일 내내 비가 내려 당도가 많이 떨어진 상태라면? 실제로 그런 날이 있었는데 다음과 같이 안내했다.

"지난주 내내 비가 와서 복숭아가 식감, 당도도 많이 떨어져 있어요. 하루 이틀 해 좀 쨍쨍 나고 당도 좀 올라오면 맛있는 거 데려올게요. 그때 많이 드세요!"

이렇게 솔직하게 과일 맛에 대해 설명하다 보니 신뢰가 쌓였다. 덕분에 밴드에 추천과일로 올리는 상품은 2시간 이내에 품절되곤 한다. 정말 빠른 경우는 품절까지 채 30분도 걸리지 않는다. 과일 파는 사람이 과일 맛에 대해 지나칠 정도로 솔직하다는 소문이 나면서, 화월청과 사장이 추천하는 과일이면 일단 사고 보자는 분위기가 생긴 덕분이다. 또 평상시에 솔직하게 상품을 이야기하다 보니, 나 역시 정말 맛을 보장할 만한 상품이 나오면 자신 있게 추천할 수 있게 되었다.

엄마 사장은 고객의 따뜻한 이웃이어야 한다

동네에서 장사를 하다 보니 고객이 모두 이웃이고 또 아이를 키우는 엄마들이 대다수다. 사는 곳도, 상황도 교집합이 많다 보니 특히 엄마 고객님들에 대해서는 더욱 진심을 다하게 된다. 과일을 파는 입장이긴 하지만 판매자보다는 구매자 편에서 이야기하기 위해 노력한다.

일례로, 한동안 효소를 이용해 단맛을 내는 스테비아 토마토가 유행했었다. 어린아이와 함께 온 고객이 "아이가 이 토마토만큼은 잘 먹어요."라며 찾는 경우도 많았는데, 다른 경우는 몰라도 아이에게 먹이겠다며 잔뜩 사려는 고객에게는 슬쩍 귀띔해주곤 했다.

"어른들은 많이 먹어도 괜찮은데, 어린아이들한테는 너무 많이 먹이지 마세요. 효소가 들어간 과일이라 배탈 날 수 있으니 조금만 사서 드세요."

가끔은 스테비아 효소만 들어간 토마토가 없어 어쩔 수 없이 수크랄로스라는 인공감미료가 들어간 토마토를 가져다 놓을 때가 있다. 아이에게 먹이기 위해 사가겠다는 고객이 있으면, 적은 양이기는 하지만 인공감미료가 들어가 있으니 꼭 구매에 참고하라고 이야기한다. 나 자신이 아이들 먹이는 것에 굉장히 민감하기 때문에 이런 정보는 필수적으로 알려야 한다는 생각에서다.

그런 이야기를 들으면 엄마 고객 중 다수가 사려고 집었던 토마토를 다시 내려놓지만, 나는 전혀 아쉽지 않다. 그 고객은 평생 나를 신뢰하는 단골 예약이 된 셈이기 때문이다.

이런 경험을 통해 고객들은 화월청과를 흔한 과일 가게가 아닌, 나의 좋은 이웃이 하는 '아는 가게'로 느끼게 된 것 같다. '지인이 하는 과일 가게 같아서 그곳만은 믿고 살 수 있다.'라는 소문이 나자 그

여파는 어마어마했다. 친구가 새로 오픈한 가게를 주위를 소개하듯, 단골 예약을 한 손님들이 주변에 이야기하고 밴드 가입을 추천하기 시작한 것이다. 어느 고객이 지역 맘카페에 올린 글을 시작으로, 주문해서 혹은 매장에 와서 사 먹어봤는데 정말 솔직하고 믿을 만하더라는 후기가 계속해서 올라왔고 밴드 가입자 또한 빠르게 늘어났다. 오픈한 지 불과 3일째만에 입소문의 선순환이 시작됐던 것이다. 그 흔한 홍보 전단 한 번 뿌리지 않은 상황에서 이 모든 일들이 일어났다.

양심적인 운영은 귀한 씨앗을 뿌리는 일과 같다

항상 일이 잘 풀리며 좋은 일만 있었던 것은 아니다. 화월청과의 주요 품목 중 하나는 선물용 과일 세트이다. 선물용 과일 업계에서 5월 가정의 달은 명절만큼이나 대목이라, 그즈음이 되면 너무 바빠 정신이 없다. 바로 그 무렵 있었던 에피소드이다.

동네 언니 겸 친한 고객에게 급한 연락이 왔다. 지역 맘카페에 우리 매장에 관한 고발 글이 올라왔다는 것이었다. 깜짝 놀라서 확인하니 내용은 즉슨, 어버이날 기념으로 어머님께 선물을 보냈는데 상담할 때 본인이 말했던 구성과 전혀 다른 내용물이 왔다는 것이었다. 어찌된 일인지 항의하기 위해 매장에 연락했는데 그날따라 매장이 너무 바빠 제대로 통화가 되지 않았고, 그 과정에서 오해가 불거진 것이었다. 결론은 상담할 때 서로 커뮤니케이션이 잘 되지 않았던 것으로, 고객에게 전화해서 상황 설명을 하였다. 고객도 어느 정도 이해한다며, 오해한 부분도 있는 것 같다고 인정함으로써 오해는 불식되었으나 문제는 이미 올라간 글이었다. 조회수를 확인하니 벌써 2천 명 이상이 읽은 상태가 아닌가. 내일 당장 떨어질 매출 생각에 풀이 죽은 채로 하루를 마감했다.

그리고 이튿날, 이상하게도 평상시보다 장문의 주문 메시지들이 하나둘 도착하기 시작했다.

「귤 1박스, 사과 5개, 캔디 포도 1봉 배달이요. 사장님, 화월청과 과일 너무 맛있어요. 아기가 여기 과일만 먹어요. 늘 좋은 과일만 보내주서서 감사해요.」

「사과 5개, 참외 5개, 수박 1통 예약이요. 2시에 찾으러 갈게요. 사장님, 힘내세요!」

「토망고 3팩, 귤 1박스 예약이요! 화월청과가 우리 동네에 있어서 너무 좋아요. 스세권보다 더 낫다고 지인들에게 자랑해요. 사장님, 화이팅!」

문자 메시지만이 아니었다. 과일을 찾으러 온 고객이 커피를 사다 주시기도 하고, 한약 팩 비슷한 것을 일부러 챙겨온 고객도 계셨다. 오늘 무슨 날인가 싶어 어리둥절한데, 케이크를 사다 주신 분 덕분에 까닭을 알게 되었다.

"사장님, 어제 맘카페에 올라온 글 봤어요. 당 충전이 필요하실 것 같아 사왔어요. 항상 맛있는 과일 팔아줘서 감사해요. 화월청과에 한 번이라도 왔던 사람이라면 어제 그 글을 보고 오해가 있었을 거라 생각했을 거예요."

순간 눈물이 핑 돌았다.

요즘은 기업의 목적 중 하나가 고객을 상품에 입덕시키게 만드는 것이라고 한다. 이른바 팬덤 마케팅이다. 그런 이야기를 들어도 우리 같은 작은 가게와는 관련이 없는 걸로만 생각했었다.

그런데 장사를 하면서 오히려 내가 고객들에게 입덕하는, 우리 고객들의 팬이 되는 경험을 하게 되었다. 찾아주시는 고객 한 분 한 분의 팬이 되어 진심을 다하니 그것이 또한 따뜻한 반응으로 되돌아 왔다. 그러고 보면 작은 가게의 팬덤은 고객의 입덕을 바라는 것이 아니라, 내가 먼저 고객에게 빠져들어야 일어나는 양방향적인 현상 이 아닐까 한다.

너무나 좋은 분들이 우리 고객이라서 감사하다. 나 역시 그분들 의 믿음에 부합하는 좋은 이웃이자 믿을 만한 아는 가게가 되기 위 해 계속해서 노력할 것이다. 진심은 진심끼리 통하는 법이다.

사업을 성장시키는 신뢰의 힘 : 일관된 경험이 믿음을 만든다

2020년 여름, 40일가량 긴 장마가 이어져 과일들이 다 맛이 없었다. 엄마는 아예 개업을 미루는 게 어떻겠냐고 하셨다. 이제 막 문을 연 가게의 과일이 맛없으면 손님들이 다시 오겠느냐는 것이었다. 그러나 내가 생각한 사업 콘셉트 때문에 앞서도 말했지만 당시는 프리미엄 과일 가게가 빠르게 늘어나는 추세였다. 더는 미룰 수 없다고 판단하고, 자리를 잡기까지는 조금 힘들어도 어쩔 수 없겠다는 각오로 개업을 했다. 물건을 가져다 놓기는 하되, 매장을 찾은 손님들에게 솔직하게 이야기했다.

"장마가 길어져서 요즘 맛있는 과일이 없어요. 특히 요즘 복숭아는 거의 맹탕이에요. 꼭 드셔야 하는 상황이면 사가시고, 아니면 다음에 더 맛있을 때 드세요."

"아니, 사장님. 아기까지 데리고 나와 장사하시면서 이렇게 솔직하시면 어떡해요~. (웃음) 그럼 오늘은 그냥 가고, 다음에 와서 왕창 살게요!"

황당하다면 황당하게 느껴질 수 있는 나의 응대에 웃음을 터뜨린 분들이 많았다. 어린아이를 유모차에 태운 채로 일하면서도 나름대로 배짱 장사를 하는 모습이 인상에 각인되었던 모양이다. 매장을 찾았던 고객 몇 분이 맘카페와 SNS에 후기를 적어주셨고, 그 덕분에 더 많은 분들이 가게를 찾아주셨다.

그리고 과일에 대한 솔직한 나의 태도가 변함없음을 경험하면서, 우리 가게에 대한 믿음으로 주위에 추천하는 분들이 늘어났다. 그렇게 되기까지 그다지 긴 시간이 걸리지 않았다. 맘카페에 첫 글이 게시되기까지 사흘이 걸렸고, 하루 매출 200만 원을 달성하는 데까지 2주가 걸렸으며, 지금까지 유지되고 있다. 이 모두가 좋은 고객들 덕분이며 그 분들의 신뢰를 저버리지 않기 위해 노력한 까닭이라고 생각한다.

맛없는 건 솔직하게 맛없다고 하고, 맛있는 건 정말 자신 있게 먹어보라고 권하는 것. 단순하지만 과일 장사하는 사람의 기본이다. 한결 같이 기본을 지키는 것이야말로 고객과의 신뢰를 형성하는 중추가 아닐까. 또한, 나아가 브랜드 신뢰도를 형성하는 디딤돌이 되리라 생각한다.

아무거나 집어가도 맛이 보장되는 과일 가게

과일 장사를 하는 데 있어 내가 추구하는 최종 목표는 딱 한 가지다. 우리 브랜드를 이용해본 고객들로부터 "화월청과 과일의 맛은 항상 기본 이상 한다, 믿고 먹을 수 있다."라는 평가를 받는 것이다. 공산품과는 달리 과일의 질은 일정하지 않다. 심지어 같은 농장에서 같은 날 들여온 물건이라 해도 그 맛과 질이 약간씩 다르다. 장사하는 사람에게도 어려운 품목이니, 고객 입장에서는 잘 골라 사가기가 얼마나 어려울까.

나는 화월청과를 맛없는 과일을 살 염려가 없는 가게로 만들고 싶다. 고객님들이 우리 가게에서 주문하거나 또는 진열되어 있는 것을 아무것이나 집어가기만 해도 '과일 잘 샀다.'는 소리를 듣게끔 하고 싶다.

또한 구매자 입장에서 알아야 할 것을 알고 사는 가게가 되려고 한다. 계절이나 기후 상황으로 인해 종종 기대에 못 미치는 맛이더라도, 모르고 샀다가 '아, 요즘 날씨 때문에 맛이 좀 별로구나.' 생각하는 것과 미리 "비가 많이 와서 요즘 과일들이 맹탕이에요."라는 정보를 알고 사는 것은 그 느낌이 확연히 다르다. 전자는 후회되고 심지어 속았다는 기분까지 들 수 있는 반면에, 후자는 정확한 정보를 제공받고도 산 것이니 '역시 화월 언니 말이 맞았네.' 싶다. 애초에 살지 말지에 관하여 생각할 기회가 한 번 더 있었기 때문에 '이런 줄 알고 샀으니까~'라는 편한 마음이 된다.

이처럼 고객이 믿고 살 수 있는 최상의 상품을 공급하되 여의치 않더라도 최선의 정보를 제공하려고 한다. 그리고 이러한 원칙을 절대, 단 한순간이라도 소홀히 하지 않는 것을 원칙으로 삼고 있다.

확고한 원칙 + 확실한 장점 + 꾸준함이 필요하다

과일 가게는 청과 시장에서 과일을 가져와 고객들에게 판매하는 B2C 사업이다. 도매에서 좋은 상품을 까다롭게 골라, 소매하는 것이 B2C의 기본 중 기본임은 누구나 알고 있을 것이다. 판매하는 품목이 무엇이든지 간에 기본은 다 똑같다.

우리가 고객에게 제공해야 할 것은 기본 그 이상이다. 물건을 까다로운 안목으로 선별하는 기본적인 일은 정상적인 가게라면 모두가 한다. 고객이 굳이 우리 가게로 올 이유가 없다.

남들이 하는 만큼 해서는 안 된다. 남들도 다 이렇게 장사하니까, 라는 핑계는 통하지 않는 세상이다. 평균의 함정에 빠지기 전에 '기본은 기본일 뿐, 차별화되는 장점이 아니다.'라는 사실을 마음속에 새겨야 한다.

이처럼 기본 이상을 한다는 확고한 원칙과, 솔직함이라는 확실한 특징을 꾸준하고도 일관되게 고객에게 입증해 보여야 한다. 그것이 고객들 마음의 문을 여는 열쇠이다.

고객들은 특별한 경험을 원한다

비즈니스와 관련된 기사를 읽다가 '오늘날 고객들은 기업의 제품 및 서비스만큼이나 그 기업이 제공하는 체험을 중요시한다.'라는 내용을 보았다. 특별한 체험을 할 수 있다면, 동일 기능 대비 조금 비싸더라도 그 상품을 선택한다는 것이다. 나 자신의 최근 소비 행태를 돌이켜 보니 정말로 그렇다는 생각이 들었다.

당연한 수순으로 나의 사업에도 대입이 가능할지를 고민해보았다. 과일 가게에서 그 같은 특별한 체험을 제공하는 것이 가능할까? 내 결론은 '가능하다'이다.

핵심은 커뮤니케이션이다. 네이버 밴드를 이용, 화월청과 고객들 간 동네 커뮤니티 유형의 소통 경험을 제공할 수 있다. 사장과의 커뮤니케이션 경험도 빠뜨릴 수 없다. 가스로 숙성시키는 수입과일은 아이에게 권장할 만한 것이 아니라거나, 과일에 따라 맛있는 물건이 나오는 시기 등 과일 가게 사장이 지인일 때 들을 수 있는 팁들을 1:1로 제공한다. 이로써 고객은 친밀감과 효용감을 동시에 느끼는 경험을 하는 셈이다.

중요한 점은 이 같은 특별한 경험이 일회성에 그쳐서는 아무 소용이 없다는 것이다. 아니, 도리어 독약이 될 수도 있다. 기대를 가지고 재방문했을 때 전과 같은 특별한 느낌을 받지 못한다면 말이다. 실망하게 되고, 처음부터 기대를 가지지 않은 만 못하게 될 것이다.

고객들은 일관된 경험을 원한다. 원칙 면에서도, 그 가게만이 가지고 있는 특징 면에서 마찬가지다. 단지 고객 유인만을 목적으로 전략을 세워 운용한다면, 사업 초기에는 입소문을 탈 수 있을지 몰라도 그 같은 평가가 꾸준히 이어지기 어려울 것이다. 무엇보다도 운영하는 입장에서 힘들어 지칠 수 있다.

그렇기에 고객에게 제공하고자 하는 경험은 모두 나의 진심에서 비롯된 것이어야 한다. 나를 믿고 우리 매장을 찾아주는 손님들에 대한 의리를 지키고 감사하는 마음에서라도 일관성은 아주 중요한 가치이다.

CHAPTER 18

팔지 않아도 사게 하는 전략의 힘 : 가지고 싶은 욕구를 불러일으켜라

네이버 밴드에 오늘 파는 물건들을 공지한 후, 속속 들어오는 주문들을 정리하고 있는데 고객 한 분이 헐레벌떡 문을 열고 들어오셨다. 자주 주문하고 매장에 와서 물건을 픽업해가는 단골이시다. 그런데 머리카락은 축축이 젖은 상태로 아이 손을 잡고 오신 것이 아닌가.

"사장님, 맨날 10시 반에 올리더니 왜 오늘은 10시에 올리셨어요! 다 팔렸을까 봐 뛰어왔어요!"

인기 좋은 품목들은 올리면 30분 안에도 품절되기 십상이다 보니 생긴 에피소드이다. 약간은 놀랐고 많이 감사했던 일이라 지금도 어제 일처럼 생생한 기억으로 남아있다.

우리 가게는 물건을 올리기만 해도 고객이 찾아온다. 내가 고객을 기다리는 것이 아니라, 고객들이 먼저 오늘은 무슨 물건이 들어왔을지 궁금해하며 밴드 알림을 기다리거나 매장으로 직접 오신다. 이런 현상의 키워드는 바로 '품절'이다.

● —— ●

품절이 또 다른 품절을 만든다

흔남·흔녀도 품절남·품절녀가 되면 어쩐지 더 괜찮은 사람으로 보인다고 한다. 재미로 하는 말이지만, 사람의 심리를 제대로 반영한 이야기다. 남의 떡이 커 보인다는 속담도 마찬가지다. 가지지 못한 것, 가지기 어려운 대상에 대한 아쉬움은 동경으로 이어진다. 한편 다른 사람들이 탐내는 것을 쟁취하면 어쩐지 경쟁에서 이긴 것 같고 그 물건을 가졌다는 이유만으로 내가 좀 더 잘난 사람이 된 듯한 기분도 든다.

그러한 심리를 자극하기 위해 홈쇼핑들은 매진 임박이라는 문구를 애용한다. 물량이 많이 남았는데 그런 문구를 쓰면 과장광고로

제재 대상이 될 수 있기 때문에, 특정한 사이즈나 색상 등 상품 일부 물량을 처음부터 예상판매치보다 밑돌게 확보하여 '매진 임박' 상황을 만들기도 한다고 한다.

이것이 꼼수이냐 아니냐 같은 이야기는 논외로 치자. 확실한 것은 매진이 매진 사태를 만들고, 품절이 품절을 부른다는 것이다.

● —— ●

욕심은 적게, 소진은 빠르게

실은 일부러 품절을 전략화하려는 의도는 아니었다. 그보다는 내가 본래 가지고 있던 목표, 즉 '내가 근무하는 5시간 동안 대부분의 매출을 발생시킨다.'는 목표 하에 정해진 시간 동안 팔 수 있는 물량만 가져왔던 것이 원인이었다. 과일도 생물이라 오늘 들어온 물건이 제일 맛있다. 가능하면 재고 없이 다음날에는 새로 입고된 상품들로 장사하려는 것이 화월청과의 방침이다. 따라서 가능하면 다 못 판 상품을 가게에 쌓아두지 않으려 한다.

이런 이유로 욕심 내지 않고 내가 딱 팔 수 있겠다 싶은 물량만 가지고 왔다. 예를 들어, 오늘 20박스가 나갔다면 보통의 가게는 이튿

날에 40박스를 들여와 팔 것이다. 그러다 재고가 생기더라도 말이다. 나는 그게 싫어서 오늘 20박스가 금세 다 팔렸어도 내일 똑같은 양을 들여왔다. 주문 메시지들이 속속 도착했고 얼마 안 가 예상한 시간보다 훨씬 이르게 물량이 소진되고 말았다. 그럼에도 판매량에 욕심 내지 않고 내가 생각하는 적당 물량만 들여오자, 오히려 고객들의 마음이 급해졌는지 주문 들어오는 속도가 더 빨라졌다. 복숭아 철이면 복숭아 40박스가 단 1시간 만에 품절될 정도다.

이런 방식을 고수하는 데는 이유가 있다. 물건을 더 많이 팔기 위해서가 아니다. 그러나 물건을 더 빨리 팔기 위해서는 맞다. 상품이 일찍 소진될 수록 더 마음 편하게 일할 수 있기 때문이다. 오후 2시 반 퇴근을 고수하면서도 사업을 잘 꾸려나갈 수 있는 비법 중 하나가 바로 '욕심은 덜고, 속도는 빠르게' 판매하는 데 있다고 생각한다.

●───●

고객들에게 자부심을 주는 브랜드가 되기 위하여

화월청과는 외관부터 일반적인 과일 가게와 다르다. 우선 안팎 어디를 보아도 과일을 늘어놓고 팔지 않는다. 매장 내에도 소량의 과일만이 깔끔하게 진열되어 있을 뿐이다. 가게 인테리어는 마치 카페를 연상하게 한다. 화이트 톤에 군더더기 없다.

이런 매장을 기획한 것은 내가 생각한 콘셉트가 프리미엄 과일 가게였기 때문이다. 그리고 그 콘셉트에 맞게 브랜드 정체성을 정립하고, 철저히 이미지를 지켜나가려고 한다. 화월청과의 정체성은 한 마디로 다음과 같이 정의된다.

「합리적인 가격으로 백화점 퀄리티의 과일을 고급스럽게!」

로고 디자인에도 신경을 썼다. 파스텔 톤의 포장과 깔끔한 로고가 박힌 트레이로 요즘 주부들의 취향을 반영하고자 했다. 앞서 우리 고객이 가게에서 아무거나 집어가도 맛있다는 칭찬을 듣게 하고 싶다고 했다. 인테리어와 과일 포장에 있어서도 비슷한 목표를 설정했다. 즉, 아무렇게나 찍어서 SNS에 올려도 혹은 어떤 사람에게 과일을 선물하든 '안목이 있다'는 소리를 듣게 하고 싶다.

실제로 화월청과 하면 "과일 가게 같지 않은 과일 가게, 비싸지 않은데 고급스러운 과일을 살 수 있는 곳"이라고들 하며, 사진만으로도 '화월청과에서 사셨나 봐요.' 하는 댓글이 달린다.

처음 사업을 시작할 때도 그랬지만, 유사한 콘셉트의 가게들이 점점 더 늘어가는 추세 속에서 더욱더 '헷갈리지 않는 정체성'을 확립해 나가려고 한다. 고객들이 화월청과를 이용한다는 사실만으로 자부심을 느낄 수 있는 브랜드. 이것이 요즘 새롭게 생긴 나의 목표이다.

사업은
패스츄리에서 배워라

잘 만든 패스츄리 빵을 먹으면 겉은 바삭하고, 속은 쫄깃하다. 바삭, 부스러지는 소리가 지나면 포슬포슬하면서도 탄력 있는 식감의 빵이 겹겹이 찢어진다. 그 섬세한 맛의 비결은 수십, 수백 겹으로 층층이 반죽을 쌓는 공법에 있다. 밀가루 반죽을 아주 얇게 펴서 그 위에 버터를 올리고 다시 그 위에 반죽을 겹겹이 올린다. 그 과정을 수십에서 수백 번 반복하면 굽는 과정에서 반죽 사이사이로 공기층이 생기며 극강의 겉바속촉, 패스츄리가 탄생한다.

타깃 고객이 누구이냐에 따라 그에 맞는 비주얼을 갖추는 것은 패스츄리의 겉면과 같다.

수많은 빵들이 진열되어 있는 가게를 상상해보자. 향긋한

빵냄새가 가득한 매장 안, 각각 요염한 자태를 뽐내고 있는 빵들 사이에서 패스츄리가 고객의 선택을 받으려면 일단 노릇노릇하고 바삭해 보여야 한다. 윤기가 도는 외양에 영광스러운 픽pick을 당했다면, 그걸로 끝일까?

그 고객이 다음번에도 그 빵집에서 패스츄리를 선택하게 하려면 '반전'이 제대로여야 한다. 내용물은 극강의 부드러움과 쫄깃함을 갖추고 있어야 한다는 뜻이다. 실제로 한 입 물고, 이어서 둘이 먹다 하나 죽어도 모를 정도로 순식간에 흡입해야 그 고객은 다음번에도 패스츄리를 선택한다.

"이 집, 패스츄리 맛집이네!"

이런 선택이 이어지면 빵집에서 패스츄리를 사가는 고객이 점차 많아지고, 패스츄리는 그 가게의 대표 메뉴가 된다.

여기서 빵집은 '시장 market'이다. 당신이 어떤 사업을 선택하든, 모든 사업은 어떠한 '시장'에 속해있다. 다시 말해 일정한 산업군에 포함된다는 말이다. 시장빵집이 크든 작든, 경쟁자다른 종류의 빵들는 반드시 존재한다. 선택을 받고 나아가 고객 팬덤을 형성하려면 그만한 경쟁력이 있어야 한다.

나는 사업 아이템의 경쟁력과 관련하여 고민이 될 때마다 '패스츄리'를 생각하곤 한다.

수많은 빵 중에서 왜 패스츄리냐고?

패스츄리를 예로 든 데는 이유가 있다. 내 나름의 '패스츄리 법칙'은 이렇다.

첫째, 아이템은 수요가 입증된 정통적인 것이 좋다.

사람들은 아는 맛에 끌린다. 정통적인 아이템에는 비교적 일정한 수요가 항상 존재한다는 뜻이다. 일반적인 동네 상권에서, 윤기를 뽐내는 패스츄리와 난생처음 보는 모양의 빵이 있다면 아무래도 패스츄리 판매가 더 많을 수밖에 없다.

자신의 사업 아이템이 아무리 신박하고 새로운 것이라 해도, 혼자 '이건 대박이다!' 생각한다고 해서 팔리지 않는다. 검증은 오로지 시장의 몫이다.

'시장에 내놓지도 않고 시장의 검증을 어떻게 받아? 그러다 망하기라도 하면?! 나는 망하면 안 되는 사람인데.'

이런 걱정이 든다고?

생각을 바꿔서, 이미 시장의 검증을 받은 아이템을 선택하는 것부터 시작하면 된다. 그것이 바로 앞서 말한 '수요가 입증되었으며 정체성이 확실한 아이템'이다. 오피스 상권에서 점심시간이면 김치찌개, 설렁탕, 순두부찌개 집이 북적이는 이유가 무엇일까? 고객들에게 익숙하면서도 안전한 아이템, 즉 일상 수요가 존재하는 아이템이기 때문이다. 어디를 가도 먹자골목에는 곱창, 삼겹살 집이 넘쳐나는 이유가 무엇일까? 한 집 걸러 한 집, 비슷한 메뉴를 파는 이유는? 그 같은 평범한 음식에 대한 수요가 가장 두텁기 때문이다.

그 유명한 제프 베조스도 처음에 아마존닷컴을 만들 때는 '서점'으로 시작했다. 오늘날 가장 혁신적인 테크 기업의 모태가 사실은 가장 정통적인 소매점서점이었던 것이다.

한 분야에서 오랜 경험을 쌓아 특별한 나만의 아이템을 발명하고, 각종 시연회나 창업 대회 등에서 성공 가능성을 일정 정도 증명받지 않은 이상은 수요가 큰 아이템을 선택하는 것이 그나마 실패 가능성을 줄인다.

청과가 대표적이다. 청과에 대한 수요는 반드시 존재한다.

이렇게 이야기하면 반드시 블루오션, 레드오션 이야기가

나올 것이다. 그러나 평범한 우리는 블루오션에서 수요를 창출해낼 능력이 부족하다. 반대로 레드오션은 경쟁이 치열할 정도로 기본 시장 사이즈도 크다는 뜻과 같다. 우리의 목표는 레드오션에서 '보랏빛 소'리마커블 마케팅을 누런 소들 사이에서 시선을 잡아 끄는 보랏빛 소에 비유한 것으로, 세스 고딘이 대표 저서 『보랏빛 소가 온다』에서 주창한 내용가 되는 것이어야 한다.

이에 관하여 계속 이야기해보자.

둘째, 기본 정체성이 확실하여 변화를 주기 좋아야 한다.

'보랏빛 소'와 같은 상품을 만드는 것은 무에서 유를 창조하는 일이 아니다. 기존의 것을 약간 비틀고, 의외성을 주는데 있다. 이렇게 하기 위해서는 정체성이 확실한 아이템일수록 좋다. 정체성이 모호하다면 변화를 주는 과정에서 '대체 이건 정체가 뭐야?!'라는, 소비자로서는 소비의 이유는 고사하고 '나한테 무엇을 파는 것인지'조차 모르는 참사가 벌어질 수 있다.

패스츄리는 수십~수백 겹의 반죽 층을 쌓아 굽는 빵이라는 확실한 기본 정체성을 바탕으로, 안에 고기를 넣은 종류,

야채를 넣은 종류, 타르트, 케이크 등 수많은 하위 아이템이 존재한다. 최근에는 패스츄리에 앙버터, 인절미 등을 넣은 변형 아이템들도 인기를 끌고 있다. 패스츄리라는 아이템의 특성정체성이 너무나 확실하므로 다양하게 변형하기도 좋은 것이다. 반석이 단단하면 그 위에 무엇을 쌓아 올려도 안정적인 이치와 같다.

내 생각은 이랬다. 우선, 청과 집은 왜 항상 비슷한 모습일까? 많은 상품을 수북이 쌓아놓고 손님을 기다리는 것이 최선일까? 카페 같은 느낌, 한정 수량으로 오늘 팔 것만 딱 파는 세련된 빵집 같은 청과 상점은 왜 없을까?

또 하나, 청과를 사는 이유 중 하나는 선물용이다. 그런데 청과를 선물용으로 주문하려면? 농장 제품을 사면 멋이 없고 백화점 제품을 사자니 지나치게 비싸다. 품질은 유지하면서 백화점 선물상품 못지않게 세련된, 나만의 시그니처 포장을 만들면 어떨까?

이런 약간의 변형 끝에 부족하나마 화월청과라는, 내 나름의 보랏빛 소를 탄생시킬 수 있었다.

셋째, 아이템에는 일종의 반전이 존재해야 한다.

바삭해 보이는 패스츄리를 한 입 물었을 때 느껴지는 부드러움과 쫄깃함! 그 의외의 맛이 소비자를 끌어당기듯, 내가 파는 상품에도 긍정적인 반전이 필요하다.

반전, 하면 떠오르는 대표적인 영화가 있다. 「유주얼 서스펙트」다. 예전에 영화표를 영화관 앞에 줄 서서 사던 시절이 있었다. 매표소 앞 길게 늘어선 사람들 사이로 누군가 "절름발이가 범인이다!"라고 소리 지르고 뛰어가는 바람에, 그 이후로 영화의 스포일러가 금지되었다나 어쨌다나. 믿거나 말거나 정도의 이야기지만, 이 영화의 관람 포인트가 '반전'임을 알려주는 재미있는 일화임엔 틀림없다.

그런데 똑같은 반전 영화라도 어떤 영화는 극찬을 받고 어떤 영화는 욕을 먹는다. 이유가 뭘까? 반전 영화 붐을 불러일으킨 「유주얼 서스펙트」나 「식스센스」 요즘 유행하는 예능 말고, "대머리가 유령이다"라는 전설의 스포일러 설을 만든 1999년 나이트 샤말란 감독의 영화를 보면 반전에 이르기까지 치밀한 구성이 존재한다. 요즘 말로 '떡밥'이다. 영화 시작 부분부터 반전이 밝혀지는 순간까지 반전의 요소들을 층층이 쌓는다. 그렇게 쌓인 요소들이 절정에 이르며 비로소 카타르시스의 순간이 도래하니, 바로 반전이 밝혀지는 시점이다.

사업에도 패스츄리와 같은, 혹은 반전 영화와 같은 치밀한 구조의 레이어 쌓기가 필요하다. 단지 '이런 물건을 이렇게 멋지게 만들어서 팔겠다.' 정도로는 안 된다. 그래서 그 멋진 물건을 소비자에게 어떻게 팔 것인가에 관한 다층적인 고민이 필요하다. 예를 들면 다음과 같다.

초기 고객을 어떻게 모을 것인가. 특히 단골이 존재하는 동네에서 어떻게 기존 고객을 우리 가게로 유치할 것인가.

재구매를 일으킬 포인트는 무엇인가.

고객이 다른 고객에게 우리 제품과 상점을 소개할 포인트는 무엇인가.

고객이 편리하게 주문하고 받아볼 수 있게 할 가장 현실적인 방법은 무엇인가.

내 고객에게 주고 싶은 감동 포인트는 무엇인가.

유통과 재고 관리에서 가장 효율적인 방법은 무엇인가.

내가 초심을 잃지 않기 위해 항상 새겨야 할 '장사꾼으로서 나의 기본자세', 그리고 비전은 무엇인가.

이 모든 것을 종합하면, 이런 반전의 지점이 발생한다. '단지 트렌디한 가게인 줄 알았는데 정말 속이 꽉 찬 장사꾼이다!'라는 것이다.

마지막 넷째, 숙성할 시간이 없다면 정성을 쏟아야 한다.

패스츄리는 발효하지 않고 만드는 빵이다. 항간에는 발효 기술이 없었던 오랜 옛날부터 내려온 빵 만드는 방식이라고도 전해진다. 발효하지 않으므로 굽더라도 자연스럽게 부풀어 오르지 않는다. 그래서 수많은 층을 쌓고, 얇디얇은 반죽 사이에 버터를 발라 굽는 과정에서 공기층이 생기도록 만드는 것이다.

오늘날 사업의 세상에서는 발효숙성의 기간이 주어지지 않는다. 특히 가족들의 걱정 어린 시선, 때로는 만류를 뒤로하고 사업을 시작한 상황이라면 단 몇 개월의 매출만으로 사업의 향방이 결정될 수도 있다. 사업의 경험을 푹 숙성시킬 시간이 없는 것이다. 발효될 시간을 허락받지 못한 초보 사장인 우리가 할 수 있는 일은 오로지 '정성'이다. 그러니까 한

개의 페스츄리를 만드는 데 반죽 펴고 접고 밀고를 수백 번 반복하는 노력과 정성만이 답이다. 내 매장에서 나가는 단 하나의 제품이라도 결코 대충은 없어야 한다.

짧은 기간이지만 사업에 관해 적지 않게 고민한 결과 고안 해낸 나의 방식들, 나름대로 정립한 철학들이 앞으로 어떻게 바뀌어 나갈지 모르겠다. 다만 이 책에서 말한 원칙적인 부분만큼은 변함없이 지켜가려고 한다. 화월청과가 존재하는 한, 항상 트렌디하며 신선한 경험을 제공하고 또 우리 고객에 게 자부심을 안겨주는 가게가 되기 위해 지금까지의 원칙을 지키며 비전을 다듬어 나가고자 한다.

감사의 말

왜 내게만 이렇게 불행한 일이 생길까? 이렇게 악착같이 사는데도 왜 달라지는 게 없을까…. 불행하다고, 오로지 혼자라고 생각했었는데 감사 인사를 적으려 책상 앞에 앉으니 감사한 분들이 너무나 많이 떠오릅니다. 그러고 보니 저는 복 받은 사람임이 분명하네요!

먼저 아이 둘 엄마가 소소하게 시작한 이 작은 매장이 좋은 성과를 거둘 수 있도록 믿고 응원해주시는 우리 화월청과 고객님들께 감사드립니다.

하고 싶은 일이 많아서 아내로서 부족한 점이 많음에도 늘 믿고 지지해주는 남편, 사랑해요. 내 심장과 바꿔도 아깝지 않을 나의 두 아들들, 엄마한테 와줘서 너무 고마워!

마음으로 나를 낳아주고 이십 대부터 지금까지 나의 아빠로 곁에 계셔준, 오직 손주 사랑 일편단심인 울 아빠! 그리고 든든한 나의 동업자이자 고마운 내 동생들! 결혼해서 지금까지 그 흔한 시집살이 한 번 없이 늘 복덩이다, 예쁘다 해주시는 우리 시아버님 시어머님, 시댁 가족들께도 감사의 인사를 전합니다.

친아빠의 빈자리를 차고 넘치도록 채워준 할아버지 할머니, 내가 가장 존경하는 작은아빠 작은엄마, 그리고 친구 같은 나의 고모들. 엄마의 어려움을 대신해 방학 때마다 보살펴준 나의 이모 이모부, 외삼촌 외숙모들, 외할머니께도 감사합니다.

열등감으로 똘똘 뭉쳐 날카로웠던 십 대 시절의 나를 따뜻하게 보듬어 주었던 평생지기들, 친구지만 엄마 같은 쏠원장님, 그리고 내 껌딱지 고마워!

부족함이 많음에도 이 책을 낼 수 있도록 도와주신 이제택 대표님, 이민우 대표님 그리고 예문 출판사 일동께도 감사드립니다.

보잘것없는 과일가게 아줌마의 책을 끝까지 읽어주신 독자 여러분께 진심으로 감사 인사를 전하며 이 책을 읽어주신 모든 분 가정에 늘 따뜻한 행복이 함께하기를 기원합니다.

마지막으로 스무 살 어린 나이에 결혼해 남편이 무서워 집에 들어가지도, 부모님 걱정하실까 봐 친정에 가지도 못하고 오갈 곳 없어 세 살짜리 아기를 포대기에 감싼 채로 추운 버스터미널에서 밤을 지새웠던 스물세 살 나의 엄마에게… 나를 낳아주어 고맙다고, 나를 지켜주어 고맙다고 꼭 말해주고 싶습니다.

하루 5시간 일하고 연 10억 버는 엄마 사장입니다

초판 1쇄 인쇄일 2021년 10월 10일 • 초판 1쇄 발행일 2021년 10월 18일
지은이 신유안
총괄기획 정도준 • 편집 최희윤 • 마케팅 김현주
펴낸곳 (주)도서출판 예문 • 펴낸이 이주현
등록번호 제307-2009-48호 • 등록일 1995년 3월 22일 • 전화 02-765-2306
팩스 02-765-9306 • 홈페이지 www.yemun.co.kr

주소 서울시 강북구 솔샘로67길 62 코리아나빌딩 904호